Gilbert Rist / Fabrizio Sabelli:
Das Märchen von der Entwicklung
Ein Mythos der westlichen Industriegesellschaft
und seine Folgen für die «Dritte Welt»
rotpunktverlag

Gilbert Rist / Fabrizio Sabelli

Das Märchen von der Entwicklung

**Ein Mythos der
westlichen Industriegesellschaft
und seine Folgen
für die «Dritte Welt»**

**aus dem Französischen
übersetzt von
Margrit Pfister**

**Beiträge von:
Gérald Berthoud
Véronique Bruyère-Rieder
Serge Latouche
Dominique Perrot
Gilbert Rist
Fabrizio Sabelli**

rotpunktverlag

«Das Märchen von der Entwicklung» erschien 1986 unter dem Titel
«Il était une fois le developpement» im westschweizer Verlag «Editions d'en bas».
Das Titelbild stammt aus dem «Terra magica»-Bildband «Von oben»,
der 1966 im Resch-Verlag, München, erschien.
Es zeigt das Sterben einer Oase, die von Wanderdünen begraben wurde,
Südsahara nördlich In-Salah.
Ein besonderer Dank geht an Sabine von der «Taz»-Fotoredaktion in Berlin!

Herausgegeben und mit finanzieller Unterstützung durch die
Christoph Eckenstein-Stiftung zum Studium der Beziehungen
zur Dritten Welt (Genf).
Die Ansicht der Autoren muss nicht notwendigerweise
mit derjenigen der Stiftung übereinstimmen.

CIP-Titelaufnahme der Deutschen Bibliothek

Das Märchen von der Entwicklung: ein Mythos der westlichen
Industriegesellschaft und seine Folgen für die »Dritte Welt«/
Gilbert Rist; Fabrizio Sabelli. Aus d. Franz. übers. von
Margrit Pfister. – Zürich: Rotpunktverl., 1989
  Einheitssacht.: Il était une fois le développement «dt.»
  ISBN 3-85869-053-8
NE: Rist, Gilbert [Hrsg.]; EST

März 1989, erste Auflage – Copyright der deutschsprachigen Ausgabe bei rpv.
Jedwelche Wiedergabe (auch auszugsweise) durch irgendwelche Medien,
bedarf zuvor der Genehmigung des Verlages.
Druck: Fuldaer Verlagsanstalt, Fulda; Satz: Oeko-Satz, Basel; Lektorat: Thomas Heilmann;
Korrektorat: Margrit Pfister, Thomas Heilmann, Heinz Scheidegger;
Gestaltung, Layout und Titelblatt: Heinz Scheidegger.
Adressen: rotpunktverlag, Postfach 397, CH-8026 Zürich, Telefon 01 / 241 84 34.
Auslieferungen: CH: AVA (buch 2000), Postfach 89, 8910 Affoltern a.A.;
BRD: Prolit, Postfach 111008, 6300 Giessen 11;
Berlin: Rotation, Mehringdamm 51, 1000 Berlin 61;
A: Karl Winter, Liebiggasse 3, 1010 Wien.
ISBN 3-85869-053-8
Bitte verlangen Sie unser Gesamtverzeichnis.

Inhaltsverzeichnis

Vorwort für die deutschsprachige Ausgabe

Angesichts der Debatten, die die französische Orignalausgabe dieses Buches ausgelöst hat, halten wir es für notwendig, gewisse Punkte zu präzisieren, die Anlass zu Kontroversen gegeben haben. Allerdings gilt es vorerst zu unterscheiden, zwischen *Meinungsverschiedenheit* und *Missverständnis*. Es geht uns nicht darum, Meinungsverschiedenheiten an sich zu verhindern, sondern nur diejenigen aus dem Weg zu räumen, die auf Missverständnissen beruhen, und zwar Missverständnissen hinsichtlich unserer Absicht, hinsichtlich der Bedeutung, die wir bestimmten Begriffen verleihen (insbesondere dem des Mythos) oder des Bereiches, den wir zu erhellen versuchen, ohne den Anspruch zu erheben, eine umfassende Analyse zu leisten. Gewisse Missverständnisse rühren von der ungenügenden Präzisierung unserer Begriffe her, andere erklären sich zweifellos gerade aus der Macht der Selbstverständlichkeiten und der Grundannahmen, die wir infrage stellen, aus der Tatsache, dass sie im tabuisierten Bereich des Heiligen, der Religion und der Moral angesiedelt sind. Wir möchten die Gelegenheit, die uns die deutsche Übersetzung bietet, nutzen, um gewisse Zweideutigkeiten zu klären, damit die zentralen Problemstellungen dieser Untersuchung deutlicher herauskristallisiert werden können.

l. Für den gesunden Menschenverstand wendet sich der Begriff «Entwicklung» in erster Linie auf die «Dritte Welt» an. Wir meinen, dass diese «Verwandtschaftsbeziehung», wenn sie derart systematisch zwischen zwei Begriffen hergestellt wird, zu einem toten Punkt in der globalen Betrachtung des Phänomens «Entwicklung» führt. Denn, wenn die «Entwicklung» definiert wird als weltumspannender Prozess, der schrittweise die Natur und die sozialen Beziehungen in wachsende Mengen von Gütern und Dienstleistungen umwandelt — und dies auf Kosten der Natur, der sozialen Beziehungen und der Gerechtigkeit — kann man sicher sagen, dass sowohl die Ursprünge als auch die krassesten Erscheinungsformen dieses Prozesses in Europa zu finden sind. Daraus folgt, dass die Wirtschafts-, Sozial- und Militärpolitik der industrialisierten Länder in sehr hohem Maas durch die Zielsetzung der «Entwicklung» bestimmt wird, die auch als «Modernisierung», «Restrukturierung», Aufrechterhaltung der «internationalen Wettbewerbsfähigkeit», «industrielle Wiederbelebung» usw. bezeichnet wird. Paradoxerweise ist der «gesunde Menschenverstand» der Ansicht, dass sich die Überlegungen zum Thema «Entwicklung» mit den sogenannten «unter-entwickelten» Ländern befassen sollten, und unterlässt es, die Erscheinungen, die in den sogenannt «entwickelten» Ländern auftreten, zu hinterfragen! Sicher ist die Analyse der Ursachen der Unterentwicklung im Zusammenhang mit den internationalen Wirtschaftsbeziehungen notwendig und muss weitergeführt werden: und es ist klar, dass auch diese Analyse den Blick für die wirtschaftlichen Praktiken der westlichen Länder auf nationaler Ebene und ihre Beziehungen zur restlichen Welt schärfen kann. Aber hier gilt unser Interesse nicht diesem Bereich, der unserer Meinung nach bereits Gegenstand zahlreicher Untersuchungen ist. Was wir versucht haben, ist, in umgekehrter Richtung vorzugehen, indem wir in bezug auf *unsere eigenen Gesellschaften* folgende Fragen stellen: «Weshalb, wodurch und durch wen haben wir uns dem Schicksal einer fortwährenden Entwicklung verschrieben»? Sicher kann man darauf einerseits antworten, dass die «Entwicklung» zum Glück führen und jedem ermöglichen müsse, «gemäss seinen Bedürfnissen» zu leben, oder darauf hinweisen, dass niemand «das Rad zurückdrehen» wolle, weil jeder bestimmte Gründe findet, sich über die Fortschritte der letzten Jahrhunderte zu freuen. Diese Argumente gründen auf dem vorausgesetzten positiven Charakter der «Entwicklung». Auf der andern Seite stehen die Fatalisten, die die Meinung vertreten, die Entwicklung sei unausweichlich, sie infragezustellen sei eine überholte Problemstellung, sei kalter Kaffee, alle «wollten die Entwicklung», und folglich hätten alle ein Recht darauf. Unser Standpunkt ist aber noch einmal ein anderer, und dies gilt es vorweg klarzustellen: Wir gehen von der Hypothese aus, dass die «Entwicklung» auf einem *ganzen Komplex von Glaubenshaltungen* beruht, deren *symbolische Wirksamkeit in der Gesellschaft so gross* ist, dass sie *über die ideologischen Trennlinien zwischen links und rechts und Mitte hinaus Gültigkeit haben, eben wie ein Mythos*. Diese Glaubenshaltungen schlagen uns — und dem

Rest der Welt — die «Entwickiung» als einzig mögliche, meist auch als einzig wünschenswerte Zukunft vor. Sie haben es fertiggebracht, sich der Vorstellungswelt aller Staaten und fast aller Gesellschaften aufzuzwingen; mit andern Worten, sie verleihen der Geschichte einen eindimensionalen und totalitären Sinn. Die verschiedensten ideologischen Strömungen unserer Zeit gründen auf diesem gemeinsamen Mythos und unterscheiden sich nur dann, wenn es gilt, die Mittel, mit denen das Ziel erreicht werden soll, zu wählen und zu definieren, worin die Entwicklung besteht. Aber allen Divergenzen zum Trotz eint sie die «Notwendigkeit der Entwicklung» auf einer tieferen Ebene, auf der des Mythos, der hier nicht als Illusion verstanden wird, sondern als Gründersage, die die sozialen Praktiken *formiert.*

Die Legitimität des Entwicklungszieles, sprich des «Wohlergehens für alle» wird hier nicht infrage gestellt — wer würde nicht dafür einstehen? Was uns problematisch erscheint, ist aber die Einmütigkeit, mit der das «Wohlergehen» mit einer einzigen Bedeutung assoziiert wird, nämlich mit der, die es im Laufe der Geschichte in der westlichen Gesellschaft erlangt hat.

Wenn doch nach zwei Jahrhunderten der Industrialisierung der «Fortschritt des Überflusses», von dem Adam Smith gesprochen hat, gegenüber dem wachsenden Auftreten der «Neuen Armut» und den ökologischen Katastrophen — ganz zu schweigen von den Erscheinungen des sozialen Zerfalls in der Dritten Welt — ins Hintertreffen zu geraten scheint — weshalb gilt denn die «Entwicklung» immer noch als einziger Ausweg aus dem Debakel? Wenn doch das Ziel, das sich die «Entwicklung» gesetzt hat, in immer weitere Ferne zu rücken scheint — weshalb bleibt die «Entwicklung» dennoch Gegenstand einer derart weitverbreiteten Glaubenshaltung?

2. Wenn man die «Entwicklung» infragestellt, das heisst nach den dahinter liegenden Grundhaltungen und Voraussetzungen, nach ihren historischen und mythologischen Hintergründen fragt, heisst dies nicht *ipso facto,* die gesamte «Entwicklungszusammenarbeit» infrage zu stellen. Sie ist zweifelsohne mit dem universellen Wunsch nach «Entwicklung» verknüpft, ermöglicht aber doch auch, die Komplexität des modernen Glaubens an die «Entwicklung» zu erfassen, der die *widersprüchlichsten Praktiken* rechtfertigt. Im Feld, im täglichen Vorgehen, handelt eine NGO ganz an-

ders als ein multinationaler Konzern; die Interventionen des IWF haben oft Konsequenzen, die denen der Humanitären Hilfe diametral entge gengesetzt sind; und diese wiederum kann sehr unterschiedlich beurteilt werden, je nachdem, ob man die kurzfristig geretteten Menschenleben oder die langfristigen Auswirkungen beurteilt. Die Debatte zu diesem Thema wird seit langem geführt, und wir haben nicht die Absicht, sie wieder aufzuwärmen. Wir wollen nur die Aufmerksamkeit auf die bemerkenswerte Tatsache lenken, dass all diese unterschiedlichen Praktiken im Namen desselben Glaubens an die «Entwicklung» unternommen werden. Was aber nicht bedeutet, um es noch einmal zu betonen, dass alle Interventionen ähnlich sind und einer einheitlichen, positiven oder negativen Beurteilung unterzogen werden könnten.

Unsere Fragestellung zielt auf die Gründe ab, weshalb ein Glaube, der sich auf Grundhaltungen stützt, die praktisch von allen geteilt werden, sowohl das Beste als auch das Schlechteste rechtfertigen kann. Natürlich ist das nichts Neues: Auch das Christentum hat sowohl dazu herhalten müssen, die Privilegien des Ancien Régime oder die Eroberungen des Kolonialismus zu rechtfertigen als auch die Bauernkriege oder die Befreiungstheologie. Der Marxismus hat die Gewerkschaftsbewegung ins Leben gerufen und den Gulag legitimiert, den Widerstand gegen den Faschismus motiviert und die Repression in Ungarn gerechtfertigt. Aber ist nicht die Voraussetzung, dass slch solch unterschiedliche Handlungsweisen auf ein und dieselbe Doktrin berufen können, die, dass diese Doktrin den Stellenwert eines *Glaubensbekenntnisses* hat? Was sind von nun an die «wissenschaftlichen» (ökonomischen und soziologischen) Rechtfertigungen der «Entwicklung» wert? Man kann gerade so gut davon ausgehen, dass die «Entwicklung» eine zentrale Konstruktion des kollektiven Bewusstseins unserer Gesellschaft ist, über deren «Begründetheit» sich jegliche Debatte erübrigt, und die dennoch, auch wenn sie oft absurd ist, für wahr gehalten wird.

3. Wenn wir versuchen würden, die Voraussetzungen oder Grundannahmen der «Entwicklung» zu verstehen, hiesse dies, implizit das Spiel der Rechten mitzuspielen. Denn unsere Untersuchung ordnet sich nicht in den Rahmen des Konfliktes ein zwischen «Drittwelt-Leuten» und «Anti-Drittwelt-Leuten», das heisst, zwischen denen, die immer mehr Mittel für die Zusammenarbeit verlangen und denen, die auf das angeblich freie Spiel der Marktkräfte

setzen, oder zwischen den Befürwortern der Humanitären Hilfe und denen, die der Neuen Weltwirtschaftsordnung höchste Priorität einräumen. Auch wenn diese unterschiedlichen Standpunkte zur Kennzeichnung der verschiedenen politischen Lager dienen, so ändert dies doch nichts an der Tatsache, dass sowohl die einen als auch die andern «Entwicklung» anstreben und sich nur hinsichtlich der bevorzugten Mittel, das Ziel zu erreichen, unterscheiden.

Es ist eine Tatsache, dass die Appelle für Grosszügigkeit gegenüber der Dritten Welt und an die internationale Solidarität meistens von sogenannten Linken stammen, während das «Einigeln» und die Betonung nationaler, sprich nationalistischer Sorgen — im Verein mit einem laisser-faire, das die Ausbeutung des Südens verschärft — meist das Markenzeichen der sogenannten politischen Rechte sind. Wir stehen klar dazu, dass wir unsere Entscheidung hinsichtlich dieser verschiedenen politischen Standpunkte seit langem getroffen haben. Wir möchten nur festhalten, dass die Solidarität verschiedene Formen annehmen kann.

Bis jetzt hat man bestimmten Formen der Umverteilung das Wort gesprochen (von denen man weiss, dass sie punktuell von Nutzen sein können, aber quantitativ kaum ins Gewicht fallen, weil die Kredite der Entwicklungszusammenarbeit nur einen Bruchteil des umgekehrten Kapitalflusses darstellen); und die Rufe nach mehr Gerechtigkeit in den internationalen Wirtschaftsbeziehungen werden immer zahlreicher. Jeder tut zwar so, als ob er genau wüsste, was man tun *müsste,* aber man kann unschwer feststellen, dass diese Wünsche selten in Erfüllung gehen und dass sich die Situation verschlechtert. Deshalb ist die kritische Reflexion, *im Namen der Solidrität,* über die Ursprünge und die Voraussetzungen des westlichen Systems so wichtig. Die «Wirklichkeit», auf die sich jeder beruft, um seine Theorien und seine Handlungsweisen zu begründen, ist immer diskursiv *konstruiert.* Wenn ein afrikanischer Bauer seine Produktionsweise mit dem «Weg der Ahnen» rechtfertigt; wenn ein Marxist sich auf die Notwendigkeit beruft, die Produktivkräfte zu entwickeln; wenn ein Christ sein Handeln auf die göttlichen Gebote stützt; wenn ein Kapitalist sagt, er sei gezwungen, die Gesetze des Marktes zu befolgen; wenn ein Beobachter der Dritten Welt die Meinung vertritt, dass sich die «Entwicklung» aufdrängt, dann argumentiert jeder innerhalb eines symbolischen Systems, das in seinen Augen «realer» oder «wahrer» ist als die konkrete Welt, in der er lebt. Zu behaupten, wie wir es tun, dass die «Entwicklung» ein historisch konstruiertes Gebäude von Glaubenshaltungen sei, die die Vorstellungskraft lähmen und Handlungsweisen erzeugen, die notwendigerweise mit dem Gegenstand des Glaubens übereinstimmen, heisst auch, diesen Glauben zu relativieren, den «Realitätseffekt», den er hat, infrage zu stellen, und es bedeutet daher auch, einer kritischen Reflexion den Weg zu bahnen, die eine neue Betrachtungsweise und damit auch neue Vorgehensweisen ermöglichen sollte.

***

Es geht hier also darum, nach den Ursachen zu fragen, weshalb sich eine Vielzahl *widersprüchlicher Handlungsweisen* hinter einem Begriff verschanzen können, der praktisch universell positiv gewertet wird. Das ist ein gewagtes Unterfangen, weil die «Entwicklung» die Gesamtheit der Praktiken der industriellen Gesellschaften bestimmt und ihre mangelnde Konsequenz als vernünftige und notwendige Entscheidung bemäntelt. Um diesem wichtigen Problem auszuweichen, ziehen es einige vor, die Debatte abzuwürgen unter dem Vorwand, dass jegliches Infragestellen der «Entwicklung» die Solidarität gegenüber den Benachteiligten der Dritten Welt schwächen würde. Als ob die zahlreichen Aktionen im Namen der «Entwicklung» im Norden und im Süden nicht verantwortlich wären für ein Elend, das so gross ist, dass keine humanitäre Aktion Hoffnungen wecken kann, es zu lindern. Die Moral ist oft bereit, den politischen Opportunismus zu unterstützen, und die religiöse Begründung der «Entwicklung» ermöglicht allzu oft, das eine mit dem andern zu versöhnen.

Es sind diese Widersprüche und diese Komplexität, die wir versucht haben, auf unterschiedliche Weise entsprechend den verschiedenen Verständnisebenen darzustellen, wobei wir uns bewusst sind, dass diese Sammlung von Texten die Reflexionen über ein solch komplexes Thema nicht erschöpfend behandeln kann.

Vorwort

Der Hinweis auf die Wahrheit,
die in der Rede verborgen ist,
löst einen Skandal aus,
weil er das ausspricht,
was man am allerwenigsten sagen wollte.
Pierre Bourdieu

Der Begriff «Entwicklung» ist heute zum Gegenstand harter Auseinandersetzungen geworden. In diesen Diskussionen, die an sich nicht neu sind, spiegelt sich ein breitgefächertes Spektrum unterschiedlichster ideologischer Ausrichtungen. Lange Zeit gab man sich überzeugt, dass der «Fortschritt» nur aus der Entwicklung der Produktivkräfte, aus der Verwertung natürlicher und menschlicher Ressourcen und aus dem Kampf gegen den Aberglauben vergangener Zeiten und gegen rückständige Mentalitäten erwachsen könne. Diese Begeisterung wurde sehr bald gedämpft durch eine Reihe von Misserfolgen, die eine Änderung der ursprünglichen Ausrichtung bewirkten. Von nun an sprach man sich für eine Entwicklung, die sich auf die eigenen Kräfte der betreffenden Länder stützt, und für die Rückkehr zu mittleren Technologien aus und trat für die selektive Auflösung des Weltmarktes ein. *Small was beautiful.* Aber dann musste man wiederum zurückbuchstabieren, weil Julius Nyerere ja selbst zugab, dass die in der Erklärung von Arusha vorgeschlagenen Massnahmen ein Fehlschlag waren, und weil ja in China die Kulturrevolution von einer Politik abgelöst wurde, die das freie Unternehmertum und den internationalen Austausch rehabilitierte.

Der Fortschrittsglaube, der seit Mitte des 19. Jahrhunderts die proletarischen Massen mobilisiert und ihnen nicht zu unterschätzende Errungenschaften ermöglicht hatte, ist heute zum Motto der proletarischen Rechten geworden. Denn diese Rechte tritt nicht mehr als Hüterin der Werte und Gewissheiten der Vergangenheit auf, sondern vielmehr als Vorkämpferin für Modernisierung. Im Westen läuft die «Entwicklung» über die Spitzentechnologie und in der sogenannten «Dritten Welt» wird sie durch die Förderung des Freihandels, durch den Aufbau einer Landwirtschaft auf wissenschaftlicher Grundlage und durch eine entschlossene Förderung der Privatinitiative und des Unternehmergeistes erzielt.

Schliesslich, als Kontrapunkt zu den mannigfaltigen Vorschlägen

13

und Ansätzen, die sowohl Wertungen beinhalten (was «Entwicklung» sein sollte) als auch Rezepte liefern (was zu tun sei, um diese «Entwicklung» zu realisieren), konfrontieren uns die Massenmedien täglich mit den unerträglichen Bildern von zu Skeletten abgemagerten Kindern und Hungerflüchtlingen, aus einem Universum, in dem Krieg, Tod, und Naturkatastrophe wüten. Wenn die Welt tatsächlich so ist — wer könnte dann daran zweifeln, dass die «Entwicklung» dringend notwendig ist? Es spielt gar keine so grosse Rolle, ob man etwas unternimmt, um das eigene schlechte Gewissen zu beruhigen, um die Bedrohung, die man hinter den wachsenden Ungleichheiten wahrnimmt, abzuwenden oder, um die eigenen Interessen zu verteidigen, wobei man sich selbst einredet, sie stünden nicht im Widerspruch zu jenen der Ärmsten unter den Armen. Jedermann ist zwar bereit, zuzugeben, dass man sich bis jetzt oft in den angewandten Strategien geirrt hat — was deren ständige Erneuerung erklärt —, und doch klammern sich alle an die Hoffnung, die Segnungen der «Entwicklung» einmal auf die gesamte Menschheit auszudehnen. Weshalb sollte das, was hier existiert, nicht die vorweg genommene Wahrheit einer universellen Wirklichkeit sein? Die «Entwicklung» war und ist, also wird sie auch sein. Vorausgesetzt, man mobilisiert allen guten Willen, überzeugt die verantwortlichen Politiker, erhöht die zur Erfüllung dieser gewaltigen Aufgabe notwendigen Ressourcen… und handelt!

Deshalb erscheint es angesichts der Dringlichkeit, etwas zu tun, lächerlich, die «Entwicklung» kritisch zu hinterfragen. Was nützt es, über das Geschlecht der Engel zu diskutieren, während die Heiden Byzanz belagern? Was bringt es, am Bett eines Kranken über die jeweiligen Vorteile möglicher Behandlungsmethoden zu streiten, wenn man gar keine vorsieht? Es gibt Umstände, wo das Handeln die Oberhand gewinnt gegenüber der Zurückhaltung; lieber das Risiko eingehen, den Ertrinkenden bewusstlos zu schlagen, um ihn zu retten, als sich vorwerfen zu müssen, man habe einem Menschen in Todesgefahr nicht beigestanden.

All dies sagt uns der gesunde Menschenverstand, der den Standpunkt der Pragmatiker unterstützt. Sogar die Moral scheint auf ihrer Seite zu sein: «Lieber handeln als reden»; die unerträglichen Bilder des wirklichen Elendes, das immer grössere Massen von Menschen trifft, machen die Ausflüchte unanständig und verurteilen diejenigen, die Reden halten. Niemand kann von nun an noch vorschützen, nicht zu wissen, dass die Herausforderung dieser letzten Dekade des 20. Jahrhunderts die «Entwicklung» ist.[*]

Dennoch gehen diese Behauptungen von einer doppelten Voraussetzung aus, die man so umschreiben könnte: erstens: jede Handlung «zugunsten der Entwicklung» hat eine positive Wirkung; zweitens: die Gesamtheit dieser Handlungen bringt global gesehen positive Konsequenzen. Zunächst stellt man fest, dass die Zahl der Massnahmen, die «zugunsten der Entwicklung» getroffen werden können, praktisch unbegrenzt ist: vom Spitalbau über Tarifverhandlungen, Nahrungsmittelverteilung, Kreditvergaben, Errichtung von Schulen, Brunnengrabungen, ländliche «Animation», Unterstützung von Alphabe tisierungskampagnen bis zur Finanzhilfe usw. Wenn nun aber die Möglichkeiten, «Entwicklungs»hilfe zu leisten, unbegrenzt sind, wie kann man dann sichergehen, dass alle «in sich» positive Auswirkungen haben? Für eine fundierte Urteilsbildung muss von nun an der Kontext einbezogen werden: Im einen Fall müssen die Importe gesteigert werden, im andern Fall die Exporte; hier scheint ein Spital unentbehrlich, anderswo wäre der Spitalbau sinnlos; eine Situation erfordert «Katastrophenhilfe», eine andere wieder ruft eher nach einer Verbesserung der landwirtschaftlichen Erträge — die Liste liesse sich beliebig weiterführen. Weil der zu beobachtende Bereich genau abgesteckt werden und gleichzeitig klar sein muss, dass verschiedene Beobachter auch gegensätzliche Gesichtspunkte haben können, gerät die Vorstellung, dass «irgendetwas immer noch besser sei als gar nichts», langsam ins Wanken. Nehmen wir zum Beispiel an, unterernährte Kinder sollen vor dem sicheren Tod gerettet werden. Man eröffnet ein Gesundheitszentrum und finanziert engagierte Entwicklungshelfer und wirkungsvolle Medikamente. Die Aktion ermöglicht allmonatlich hundert Kindern eine Ueberlebenschance. Bis zu diesem Punkt sind die Ergebnisse positiv zu werten, und die gesetzten Ziele sind erreicht. Aber diese Kinder kehren nun in ihre Familie zurück, die ihre Lebensbedingungen in der Zwischenzeit nicht verbessern konnten. Es mag zynisch scheinen, darf aber dennoch nicht verdrängt werden: aus einem andern Blickwinkel hat sich die Situation in der Gegend, wo das Gesundheitszentrum gebaut worden

[*] Dieser Bericht «untersucht die Nord-Süd-Beziehungen, in denen er die grosse soziale Herausforderung unserer Zeit sieht». Das Überleben sichern, Bericht der Nord-Süd-Kommission (Brandt-Bericht), Kiepenheuer & Witsch, 1980, S. 176

ist, die allgemeine Lage verschlechtert. Anderswo steigert man die landwirtschaftlichen Erträge durch den Einsatz von Pestiziden. Unter diesem Gesichtspunkt ist die Wirkung positiv. Aber diese Pestizide gelangen mit dem Wasser in die Teiche und verursachen dort ein Fischsterben, was verheerende Auswirkungen hat, da die Fische bis anhin wichtige Proteinlieferanten waren. Wer hat was gewonnen?

All das ist zweifellos bekannt. Jedermann weiss, dass gewisse Formen der Nahrungsmittelhilfe die Rentabilität des Nahrungsmittelanbaus gefährden, dass die Industrialisierung u.U. mehr Arbeitslosigkeit als Arbeitsplätze schafft, und dass die Erhöhung der Agrarexporte oft auf Kosten der Versorgung im Landesinnern geschieht. Mit andern Worten: was als «Entwicklung» verbrämt wird, führt nicht notwendigerweise und weltweit zu all den Verbesserungen, die man proklamiert.

Noch verwirrlicher ist: Obwohl die «Entwicklungsstrategien» seit beinahe drei Jahrzehnten unablässig erneuert werden, obwohl immer neue «approaches» auftauchen und die Grundsätze, auf die sich die Praxis abstützt, umformuliert werden, damit sich die Fehler der Vergangenheit nicht wiederholen, kann man nicht umhin, festzustellen — falls man die Ergebnisse an den so geduldig ausgearbeiteten Kriterien für «Entwicklung» misst — dass diese «Entwicklung» nicht stattfindet. Schlimmer noch, das Ziel scheint sich immer mehr zu entfernen. Und alle bedauern die «Fehlschläge der Entwicklung», — die sich trotz beachtlichem Einsatz an finanziellen Mitteln und gutem Willen, immer wieder einstellen. Genau besehen ist es ein Misserfolg in zweifacher Hinsicht. Zum einen rührt er von den Prämissen, die dem üblichen «Entwicklungs»verständnis zugrundeliegen und ist nur unter diesem Gesichtspunkt als Misserfolg zu werten. Beispielsweise gilt Effizienz nur als Norm für die Verwaltung eines Unternehmens innerhalb eines kulturellen Kontextes, in dem das Verhältnis des Menschen zu materiellen Dingen vorrangige Bedeutung hat: Damit ein Projekt oder ein Programm «respektiert» wird (eben genau das!), ist es notwendig, dass sich all diejenigen, die daran mitarbeiten, den Zielsetzungen «unterordnen» und sich (individuell) so «organisieren», dass sie ihre Rolle «zur vorgegebenen Zeit» spielen können. Aber wie kann Effizienz erreicht werden, wenn die sozialen Beziehungen allein den Umgang mit der Zeit bestimmen? Wenn die Erfüllung der Aufgaben in der Gemeinschaft jegliche Vorausplanung verunmöglicht?

Der Misserfolg ist im Anspruch auf Effizienz schon enthalten, weil man den Erfolg der Aktion an Normen misst, die durch den Kontext, in dem sie zum Zuge kommen sollten, ausser Kraft gesetzt werden: Der «Misserfolg der Entwicklung» ist also unter diesem Aspekt nur das Ergebnis einer kulturellen Illusion.

Zum andern hat der Fehlschlag aber auch eine sehr reelle Seite, die erkennbar wird, wenn man sich bemüht zu untersuchen, auf welche Weise die «Entwicklung» den Gesellschaften, die das Ziel solcher Interventionen darstellen (der «Zielbevölkerung») ermöglicht, ihre soziale Existenz in Funktion ihrer Geschichte und ihres Milieus zu reproduzieren. Die «Entwicklung» misslingt zwar (in den Augen des Westens), aber der Versuch bleibt nicht ohne Folgen: er trägt zum Zerfall des sozialen Gefüges, zur Ausschaltung des lokalen Wissens und zur Vergrösserung eines Elendes bei, das sich nicht nur am durchschnittlichen Pro-Kopf-Einkommen der Bevölkerung bemisst.

Diese Bemerkungen sind nicht nur von theoretischer Bedeutung; sie erhellen die grosse Verwirrung, die entsteht, wenn man von einer reellen Situation ausgeht (das Elend, der soziale Zerfall), um Handlungen zu legitimieren, die scheinbar richtig sind, aber unbewusst so konzipiert wurden, dass sie scheitern müssen und dazu beitragen, die Ausgangssituation dramatisch zu verschärfen.

Um zu versuchen, die Ursache und die Mechanismen dieses Teufelskreises zu verstehen («die Kluft zwischen reich und arm vergrössert sich», «der Hunger breitet sich aus», «die Abhängigkeit im Bereich der Grundnahrungsmittel wächst»), muss man von den üblichen Vorstellungen Abstand nehmen, sich auch — zumindest für die Zeit dieses Gedankenganges — von den gewiss grosszügigen Gefühlen befreien, die oft dazu beitragen, die Situationen, die sie hervorgerufen haben, zu reproduzieren; kurz, man muss die Sackgasse dieser Selbstverständlichkeiten, die ihre scheinbare Klarheit nur aus dem Widerschein erloschener Sterne beziehen, verlassen.

Die sogenannte «Entwicklung» geht gar nicht nur die «Dritte Welt» an, sie ist vielmehr für die industrialisierten Länder unentbehrlich geworden. Da das System dieser Länder vollumfänglich beherrscht wird vom Imperativ der Produktion (die durch die kleinste Krise bedroht wird), wird seine Reproduktion von der Aufrechterhaltung des Wachstums dieser Produktion bestimmt.

Entgegen den gängigen Vorstellungen ist es das *westliche* System, das *sich entwickeln muss,* um weiterbestehen zu können, während sich die meisten andern Systeme reproduzieren, ohne die Menge der produzierten Güter unbeschränkt steigern zu müssen. Für die Länder der Dritten Welt spielt die «Entwicklung» also die Rolle eines Köders, eines Trugbildes, das der Realität so ähnlich ist, dass es zu wiederholten und auch vorsätzlichen Fehlgriffen kommt.

Dieser Standpunkt stösst natürlich auf mannigfache Kritik. Einmal wird behauptet, dass die «Entwicklung» ein unausweichliches Phänomen sei. Ob man das nun wolle oder nicht, habe die Dritte Welt den Ehrgeiz, ihre Lebensbedingungen zu verbessern, indem sie, wenn auch langsam, dem durch die westlichen Gesellschaften vorgezeichneten Weg folge. Man täte aber gut daran, sich zu fragen, ob dieses Ziel überhaupt realisierbar ist ohne grundlegende strukturelle Änderungen in den nördlichen Ländern. Es sind zumindest Zweifel erlaubt, allein schon, wenn man nur zwei Indikatoren in Erwägung zieht: zum einen den Energieverbrauch, zum andern den Konsum tierischer Proteine.

Andere Kritiker werden den oben dargelegten Standpunkt für überholt erklären, für vergangenheitsbezogen. In einem Punkt haben sie sicher recht: Die Zeit der relativ geschlossenen, aber sich im Gleichgewicht befindlichen Gesellschaften hat wahrscheinlich nur in den Köpfen einiger Ethnologen existiert und ist auf jeden Fall vorbei. Die Fortschritte der Medizin sind eine Realität, die die demographischen Gegebenheiten definitiv verändert hat. Zudem verbreiten die Massenmedien künftig auf dem ganzen Planeten Verhaltensweisen, deren Verführungskraft man kaum noch nachweisen muss. Es bringt deshalb nichts, «das Rad der Zeit zurückdrehen» zu wollen. Ein solcher Standpunkt geht aber implizit von einer linearen Vorstellung der Geschichte aus, die durch die tatsächliche Geschichte nicht unbedingt bestätigt wird. Vom Fall des römischen Reiches bis zum Exil des Schahs von Iran gibt es zahlreiche Beispiele, die die Vorstellung einer einförmigen Entwicklung infrage stellen. Wenn sich auch die Gegenwart nicht ohne Bezug zur Vergangenheit verstehen lässt, so heisst das noch lange nicht, dass die Zukunft nur ein vergrössertes Abbild der Gegenwart sein werde. Entgegen der herrschenden Meinung ist der «Lauf der Geschichte» nicht zwangsläufig vorgegeben.

Schliesslich werden politisch motivierte Kritiken vorgebracht. Zweifellos haben gewisse führende Politiker der Dritten Welt vorausgesehen, dass für ihre Völker originelle, eigenständige Wege der Entwicklung gefunden werden müssen. Zu ihnen gehören unter andern Gandhi, Nyerere, Castro, Mao Tse Tung. Aber diese Vorbilder seien Einzelfälle geblieben, vergessen, und ihre Modelle von den «Erfordernissen» des westlichen Systems «eingeholt» und dem System wieder «einverleibt» worden, wird arguumentiert. Es sei deshalb illusorisch, zu hoffen, dass substantielle Änderungen von der Dritten Welt ausgehen könnten. Dieses historisch begründete Argument bestätigt ganz einfach, dass sich das Schicksal der «Entwicklung» tatsächlich in den industrialisierten Ländern entscheidet.

Da nach drei «Entwicklungs»dekaden die Unsicherheit hin sichtlich der besten Mittel, der "Entwicklung" zum Durchbruch zu verhelfen, nach wie vor besteht; da man nach der Realisierung zahlloser Projekte keine sichtbare Verbesserung der Lebensbedingungen in der Dritten Welt feststellen kann; und da die Vielfalt der im Namen der «Entwicklung» vorgeschlagenen Massnahmen keinen gemeinsamen Nenner erkennen lässt, ist es sicher legitim, wenn dieser moderne Mythos einmal aus einem andern Blickwinkel unter die Lupe genommen wird. Man bezeichnet die «Entwicklung» zwar schon seit geraumer Zeit als Mythos, aber im harmlosen, abschwächenden Sinn als Hirngespinst, unerreichbarer Traum oder unbeständige Realität. Ein Mythos ist aber nicht nur das; ein Mythos ist auch eine Gründer-Saga, die die soziale Ordnung garantiert und den historischen Erfahrungen einer gegebenen Gruppe Sinn verleiht. Damit er diese Rolle er füllen kann, ist es keineswegs notwendig, dass jedermann fähig ist, ihn zu interpretieren: es reicht vollständig, dass man den Mythos für wahr hält. Jenseits aller ökonomischen Hintergründe, die man vorbringen kann, ist es der Mythos der «Erde ohne das Böse», die die Tupi Guarani* in ihren auswegslosen «Pilgerfahrten» geleitet hat; es ist der Mythos des durch die Eroberung Jerusalems erreichbaren Heils, der die Kreuzzüge in Bewegung gesetzt hat; es ist der Mythos einer klassenlosen Gesellschaft, die es allen ermöglichen würde, nach ihren Bedürfnissen zu leben, der die sozialen Kämpfe des 19.Jahrhunderts erklärt. Es

---

* Gruppe südamerikanischer Indianer-Völker südlich des Amazonas bis zum La Plata.

geht nicht darum, die «Ursachen» abzustreiten, die sich für diese gewaltigen Epen finden lassen (dazu gehören auch die Conquista, der grosse Burentrek in Südafrika oder das Nazitum), aber man kann nie ganze Volksmassen im Namen der Vernunft mobilisieren. Kommt vielleicht heute der «Entwicklung» dieselbe Rolle zu? Sie rechtfertigt gleichzeitig den Reichtum des Westens und verspricht den Gesellschaften der Dritten Welt ein besseres Leben, sie legitimiert die Wirtschafts- und Sozialpolitik und erklärt das Elend all jener, die die «Entwicklung» noch nicht in den Griff bekommen haben, sie gibt den internationalen Nord-Süd-Beziehungen Sinn und dient als Schlüssel für mannigfache Aktionen non-gouvernamentaler Organisationen. Die Entwicklung, die die Regierungsorganisationen (UNO und spezialisierte Organisationen) in den letzten dreissig Jahren durchgemacht haben, liefert dafür den schlagenden Beweis. Aus demselben Grund ist die Definition der «Entwicklung» so unwichtig: jeder kann einen Teil der Wahrheit für sich in Anspruch nehmen und so seine Handlungsweise rechtfertigen; niemand kann sich das Recht herausnehmen, zu sagen, worin nun die «Entwicklung» «tatsächlich» besteht, und so können sich alle daraus eine kollektive Geschichte aufbauen.

Unter diesen Umständen stellt die Arbeit, die man hinsichtlich der «Entwicklung» leisten kann (Revision der Strategien, Einbezug neuer Variablen, historische Forschungen, Auswertung von Projekten, kontradiktorische Expertisen usw.) den Mythos gar nicht infrage, sondern trägt im Gegenteil zu seiner Aufrechterhaltung bei: die Polemik ist im wahrsten Sinn des Wortes *konstruktiv,* weil Mythen niemals erstarrte Modelle sind. Sie werden nicht ein für allemal erfunden und erzählt, sondern stellen eine Art laufende Neuschöpfung dar: die Elemente werden umgesetzt und die Ordnung der Geschichte wird umgewandelt (so ist für gewisse Versionen des Mythos das Wachstum so etwas wie eine übergeordnete göttliche Macht, die es möglich machen muss, die Grundbedürfnisse aller zu befriedigen, während es in andern Versionen auf den zweiten Platz verwiesen wird — *Umverteilung verbunden mit Wachstum.* Andere wiederum sehen im Wachstum einen Gehilfen, der die Kultur oder die Befriedigung der Bedürfnisse fördert). Der Mythos schöpft seine Macht und seine soziale Wirksamkeit gerade aus seiner Dehnbarkeit und Geschmeidigkeit.

Bis zu dem Tag, da der Mythos als Mythos identifiziert wird, wo man entdeckt, dass seine Wahrheit nur aus der Vielfalt der unablässig neu überarbeiteten und neu erzähten Geschichten herrührt. Jetzt kann die Entmystifizierung beginnen.

In diese Richtung wagt sich dieses Buch vor. Während sich der grösste Teil der Literatur zum Thema der Frage widmet, welche Mittel einzusetzen sind, um die «Entwicklung» zu verwirklichen, schien es uns notwendig, den *Begriff der «Entwicklung» selbst* zu hinterfragen. Bildlich ausgedrückt, könnte man sagen, dass es nichts nützt, pausenlos neue Taktiken auszuarbeiten, noch treffsicherere Waffen zu erfinden und immer schnellere Spürhunde abzurichten, um das Einhorn zu fangen, wenn die Einhörner nur in unserer Einbildung existieren. Man wird sagen, das Bild sei unzutreffend, der Vergleich hinke, da die «Entwickiung» im Gegensatz zum Einhorn sehr wohl existiere, nämlich im «Norden». Das stimmt. Aber die «Entwickiung», die man anstrebt, ist vor allem für anderswo gedacht, für die «Dritte Welt», der sie versprochen wurde. Was nun, wenn sich jemand erlaubte, daran zu zweifein, und zwar nicht, um historische Privilegien aufrecht zu erhalten, sondern, um die Fragestellung auf einen Begriff zurückzuverweisen, der seine Daseinsberechtigung nur seiner Fähigkeit, sich in der ganzen Welt breit zu machen, verdankt?
Dies ist der Ausgangspunkt unserer Ueberlegungen, deren provisorischer und unvollständiger Charakter uns bewusst ist. Die Hauptsache ist, dass die Diskussion eröffnet wird, aber unter Abwandlung des üblichen Ausgangspunktes. Wir haben unsere Gedanken ganz vorsätzlich «auf Abwege schweifen» lassen und waren uns völlig bewusst, dass unser Vorgehen im wahrsten Sinn des Wortes «ketzerisch» war.

***

Alles beginnt also mit einem Märchen, d.h., mit einer *ernsthaften* Erzählung. Jeder weiss, dass die kindliche Vorstellungswelt in allen Kulturen von Geschichten geprägt ist, in denen sich Giück und Schrecken abwechseln, Geschichten, in denen der Held harte Prüfungen besteht dank des Eingreifens übernatürlicher Wesen oder durch den Gebrauch magischer Gegenstände, Geschichten, in denen die Phantome gleichzeitig befreit und gezähmt werden. Aber man erfährt doch mehr über die Wirklichkeiten der Existenz und über die innersten Anwandlungen der menschlichen Seele, wenn man Märchen liest, als wenn man die Zeitung überfliegt, in der nur die obersten Schichten des Daseins in der Welt ihren Niederschlag finden. Man könnte sicher noch andere Versionen des *magischen Ringes* entdecken oder erfinden; gewisse Traditionen schmücken bestimmte Episoden mehr aus oder fügen weitere, noch wunderbarere hinzu....

Aber diese möglichen Abwandlungen würden die Grundstruktur nicht verändern und nichts an dem, was die Essenz eines Märchens ausmacht: Sinnträger sein und die Vorstellungskraft anregen. Mit andern Worten: Es handelt sich hier *nicht um ein von der tatsächlichen Geschichte inspiriertes Märchen,* das die «Etappen» der Kolonisation oder der «Entwickiungs»strategien wiedergibt. Und man wäre ebenso auf der falschen Spur, würde man darin Hinweise auf die Vorgehensweise suchen, wie die «Entwickiung» den Bevölkerungen der «Dritten Welt» aufgezwungen wurde, wobei diese Völker als «Gute Wilde» dargestellt würden, deren ursprüngliche Unschuld schrittweise durch die «Zivilisation» zerstört worden wäre. Denn die Bedeutung eines Märchens — odor eines Mythos — liegt nie im mehr oder weniger wahrscheinlichen Gehalt der dargestellten ausserordentlichen Ereignisse, sondern erhellt aus der Betrachtung der Erzählung als Ganzes, dessen Handlung die Figuren nach einer vorprogrammierten Notwendigkeit oder Unausweichlichkeit «ausführen» oder vollbringen.

Das grosse Verdienst dieses literarischen Genres ist es, die Distanz gegenüber jeglicher «historischer Wahrheit» zu för- dern, indem er sich sowohl an das Bewusstsein richtet, um es zu zerstreuen, als auch an das Unterbewusstsein, das er auszudrücken versucht. Das Märchen schwelgt in grossen Gefühlen, verschleiert aber nichts an menschlichen Schwächen, gerade indem es die Ambivalenz der Personen ausser acht lässt, um schrittweise Identifikationen zu ermöglichen. Es zielt schliesslich darauf ab, «das Innere zu erraten»* die tieferen Gründe menschlicher Beziehungen und sozialer Werthaltungen, sichtbar zu machen, die man nicht explizit verbreiten möchte, aus Angst, ihre Macht zu schmälern.

Gilbert Rist

* Siehe dazu Bruno Bettelheim: *Psychoanalyse des contes,* Robert Laffont, Paris, 1976, und Vladimir Propp: *Morphologie du conte,* Le Seuil, Paris, 1970.

Es scheint uns sinnvoll, mit einigen Hinweisen die Hauptachse hervorzuheben, um die sich die Artikel gruppieren, die für dieses Buch verfasst wurden.

Fabrizio Sabelli versucht, in der Form eines imaginären Dialoges die *mythischen Grundlagen der gängigen Entwicklungsvorstellung* darzulegen. Er zeigt vor allem, welch unersetzliche Funktion dem Mythos in allen Gesellschaften zukommt: indem er unablässig eine ganze Reihe von Teilmythemen immer wieder neu zusammenstellt, ermöglicht er eine Art gesellschaftlichen Konsens und legitimiert bestimmte Handlungsweisen. Seine soziale Wirksamkeit steht in keinem Bezug zu seiner geschichtlichen oder wissenschaftlichen Überprüfbarkeit; das einzige, was zählt, ist, dass er für wahr gehalten wird*. Daher die Ohnmacht der immanenten Kritik und die Bedeutung einer Distanzierung gegenüber den am tiefsten verankerten Überzeugungen. Natürlich stellt sich die Frage, woher man die notwendige Energie hernehmen soll, um der Anziehungskraft unseres heutigen Mythos zu entgehen. Für den Anthropologen ist die Antwort klar: nur in der Konfrontation mit andern mythischen Welten kann die Relativität unseres Weltbildes sichtbar gemacht

---

* In einem andern Bezugsrahmen könnte man zum Beispiel aufzeigen, dass die geschichtliche Wahrheit der Tellsgeschichte oder des Rüttlischwures von l29l absolut unwichtig ist: Haupt- sache ist, dass alle Schweizer daran glauben, und dass man in einem Ritual dieser «Ereignisse» gedenken kann, um Verhaltensweisen zur Sicherung der Unabhängigkeit und der nationalen helvetischen Einheit zu legitimieren. Gleicherweise bedurfte die «Realität» der Hexerei keines andern Beweises als der Behauptung der Inquisitoren. Ihre Autorität genügte vollauf, um den satanischen Charakter der Delikte, die man den angeblichen Hexen zur Last legte, zu beweisen. Deshalb war es den damaligen Zeitgenossen unmöglich, im Scheiterhaufen etwas anderes zu sehen als eine heilsame Art, das Böse zu bekämpfen. Dasselbe gilt (oder galt; die Herausgeber) für die Psychiatrisierung in den UdSSR heute: wer den Gründungsmythos ablehnt, kann nur geisteskrank sein und gehört deshalb in die psychiatri- sche Klinik. Die ideologische Konsequenz des Regimes ist total. Um den Mythos zu definieren, könnte man sich schliesslich von Vincent de Lérins inspirieren lassen, der bereits im 5. Jahrhundert das Dogma so definierte: *quod ubique, quod semper, quod ab omnibus creditum est* (das, was überall, immer und von allen geglaubt wird).

und seine Unfähigkeit, anderswo Handlungsweisen einzuführen, die hier selbstverständlich sind, erklärt werden.

***

Für diejenigen, die die Meinung vertreten, der Begriff «Entwicklung» sei so umfassend, dass es absurd sei, ihn pauschal abzulehnen, und der Begriff sei sehr wohl weiterhin verwendbar, um «alternative Projekte» anzuregen, die sich gegen die herrschende Position wenden, legt Dominique Perrot dar, dass die Möglichkeit einer alternativen Verwendung weniger gross ist, als man gemeinhin annimmt. Denn, so sagt sie, alles, was zur «Entwicklung gesagt oder geschrieben wird, beruht auf *Voraussetzungen* oder *Grundannahmn,* den «blinden Passagieren des Textes», von denen sowohl die Regierungsorganisationen (UNDP), als auch die Transnationalen und die unabhängigen Organisationen (NGOs) ausgehen. Denn sie alle sind sich einig, dass die «Entwicklung» existiert, dass sie bekannt, wünschenswert und universell ist. Das führt zu Zirkelschlüssen, stellt aber auch dem kritischen Gesprächspartner eine Falle: wer immer diese *impliziten* Voraussetzungen akzeptiert, kann gar nicht anders, als seinerseits die Notwendigkeit der «Entwicklung» zur Lösung der «Probleme der Dritten Welt» zu legitimieren. Wenn die «Entwicklung» schlussendlich Synonym ist für das Leben überhaupt (oder, was auf dasselbe hinauskommt, Synonym für die «Befriedigung der Grundbedürfnisse») — wer könnte sie da noch infrage stellen? Es genügt von nun an, irgendeine Aktion (dazu gehören auch Geschäftsbeziehungen) «im Namen der Entwicklung», damit sie als solche verstanden werden und unsere Wahrnehmung zur «Realität» wird, einer Realität, die umso weniger überprüfbar ist, als die Organisationen sich oft das Monopol vorbehalten, über ihre Projekte zu informieren und man sich selten fragt, ob die «Zeichen der Entwicklung» (Fabriken, Brunnen, Traktoren usw.) einen Sinn haben für die sogeannte Zielbevölkerung.

***

Nach diesen Texten, die die Funktion der «Erzählung» und die Bedeutung des Konsenses, der sich über das Unausgesprochene bildet, untersuchen, war es wichtig, auf die drei Mytheme (hier als «konstitutive Elemente des Mythos» betrachtet) zurückzukommen, die das Märchen am Anfang dieses Buches strukturieren.

Unter dem Titel *Die Entwicklung der Ordnung* befasst sich Véronique Bruyère-Rieder vor allem mit der *Ordnung,* die unser Bewusstsein, unsere Zeit und unseren Raum strukturiert. Indem sie den roten Faden der Handlung im *Magischen Ring* wiederaufnimmt, weist sie darauf hin, dass die westliche Ordnung, wenn sie andern Gesellschaften aufgedrängt wird, erst einmal bewirkt, dass deren Strukturen aufgelöst werden unter dem Vorwand der Planung, der Programmierung und des Aufbaus von Projekten. Denn die Zuordnung oder die Taxonomie ist auch eine Art, Wirklichkeit zu konstruieren, sich die Welt und die sozialen Beziehungen vorzustellen. Genau darauf zielt die westlichen Wissenschaft ab, die auf den Regeln der kartesianischen Methode auffbaut und seit ihrer Entstehung zur Entfaltung der industriellen, rationellen und berechnenden Ordnung beigetragen hat. Diese Ordnung setzt von nun an ihr Gesetz auf tyrannische Weise durch; kraft ihrer wissenschaftlichen Gewährentgeht sie jeglicher Infragestellung: die Technokratie triumphiert weltweit. Daher die wiederentfachte Faszination im Bereich der Entwicklungsarbeit für den Aufbau neuer internationaler Ordnungssysteme (Neue Weltwirtschaft, Kommunikationssysteme etc.). Sind all diese «Reformen» nicht in erster Linie schwache Versuche, die Ordnung wieder herzustellen? Unter dem Vorwand, etwas etwas Neues hervorzubringen, reproduzieren aber das Bestehende.

***

Gerald Berthoud seinerseits erinnert an die enge Beziehung zwischen den Vorstellungen von *Gleichheit* und Freiheit und dem westlichen System, das von einer «menschlichen Natur» ausgeht, die so einheitlich ist, dass sie die perfekte Ersetzbarkeit eines Individuums durch ein anderes rechtfertigt. Folglich verschwinden die sozialen Hierarchien, die die Netzwerke des gesellschaftlichen Zusammenlebens strukturieren, was die anderen Gesellschaften in den universellen Eintopf unserer Modernität wirft. Unter dem Deckmantel der Gleichheit werden die wirtschaftlichen Ungleichheiten durch die Spekulation, die Raffgier und die Protzerei einer kleinen Elite von Günstlingen des Staatsapparates verstärkt. Der gegenwärtige Prozess der Zerstörung der Gesellschaften in der

«Dritten Welt» ähnelt in seltsamer Weise der Entwicklung, die den Westen im letzten Jahrhundert prägte, als sich die Selbstregulierung des Marktes durch Angebot und Nachfrage allgemein durchsetzte und damit die Bedeutung des Lebens*standards* Vorrang gewann gegenüber dert Lebens*weise.* Die «Entwicklung» überdenken heisst also, ihre kulturellen und institutionellen Hintergründe zu hinterfragen, statt im Glauben zu verhaRREN? dass sie die historische Wahrheit der Geschichte darstellt.

***

Auf der Grundlage der letzten Episode des *Magischen Ringes,* der der Befriedigung der «Grundbedürfnisse» das Wort redet, behauptet Serge Latouche provokativ: «Wenn es das Elend nicht gäbe, müsste man es erfinden». Tatsächlich ist es das Begriffspaar Elend/Wohlstand, das die «unerschütterliche Grundfeste des Mythos Entwicklung»bildet, verankert in einem *naturalistischen Gesellschaftsverständnis.* Nach diesem Ansatz ist es nicht die Kultur, die das Überleben der Gesellschaft garantiert, sondern umgekehrt: dass biologische Überleben der Individuen ist die Voraussetzung, die Kultur überhaupt möglich macht. Unter diesem Blickwinkel rechtfertigt das Schauspiel des Elendes alle Interventionen zugunsten der «Entwicklung» im Namen des Humanismus, die aber in Wirklichkeit dazu beitragen, die Strukturen der «Dritten-Welt»-Gesellschaften noch weiter aufzulösen. Auf Umwegen stösst man dabei wieder auf den Imperialismus der ökonomischen Vernunft, die alles auf die Quantifizierung reduziert und den sozialen Reichtum mit dem Prokopf-Einkommen gleichsetzt. Nur die westliche Gesellschaft hat alle symbolischen Barrieren aufgehoben, die die Anhäufung von Reichtum begrenzt und verhindert haben, dass das Streben nach Wohl*ergehen* zum Streben nach Wohl*stand,* das heisst, nach möglichst viel-*Haben* wird. Ist es da noch verwunderlich, wenn die Quantifizierung des Materiellen zur neuen Symbolik wird, getarnt als Objektivität?

***

Vielleicht wird man uns vorwerfen, ein Problem lösen zu wollen, indem wir es wegdiskutieren. Sicher genügt es nicht, die «Entwicklung» als historisch-mythische Konstruktion unseres kollektiven

Gedächtnisses zu entlarven, oder als Sage über die Suche nach dem erträumten Glück — als Konstrukt, das die Aktionen einer ständig wachsenden Zahl von Organisationen aller Art legitimiert — damit sich die dramatischen Lebensbedingungen derer, die von der westlichen Lebensweise ausgeschlossen sind, im Handumdrehen ändern. Das behauptet auch keiner der in diesem Buch veröffentlichten Texte.

Die «Probleme der Dritten Welt» werden also durch diese Texte nicht aus der Welt geschafft. Einverstanden. Aber die Art, sie wahrzunehmen, ist nicht unerheblich für die Wahl der Mittel, die dann zu ihrer Lösung eingesetzt werden. Wer würde bestreiten, dass das Weltbild einen Einfluss auf die Praxis hat? Solange man glaubte, die Welt sei eine Platte, dachte niemand daran, die Ozeane zu überqueren, die sie umgaben; solange man glaubte, man könne Blei in Gold verwandeln, war es normal, unzählige Experimente durchzuführen, um es endlich zu schaffen. Solange es gelingt, die Leute glauben zu machen, die weltweite Verbreitung der «Entwicklung» sei möglich und wünschenswert, wird man mühelos alle Summen und alle Anstrengungen, die man dafür aufwendet, rechtfertigen können.

Aber bekanntlich bleibt die Praxis nicht ohne Wirkung auf die Theorie. Wenn ein Rahmenkonzept oder ein Paradigma das zu häufige Auftreten von Anomalien nicht mehr erklärt, muss man wohl oder übel ein anderes schaffen. Wir sind der Meinung, dass der Begriff der «Entwicklung», wie sie üblicherweise verstanden wird, die Grenzen seiner Fähigkeit, die Erscheinungen der Gegenwart zu erklären, erreicht hat. Zuviele Misserfolge haben seine Grundfeste untergraben. Oder besser gesagt: das Paradigma «Entwicklung» legitimiert nur noch die Praxis derjenigen, die daran glauben und davon profitieren, genauso wie die Praxis des Gebetes den Glauben des Gläubigen an seinen Gott verstärkt.

Wenn man an der Richtigkeit der Grundannahmen oder Voraussetzungen der «Entwicklung» zu zweifeln beginnt, dann verliert alles, was bisher notwendig erschien, seinen Sinn. Es bleibt nur eine leere Form, von der wir erkennen, dass sie sich nur reproduzieren kann, indem sie mehr und mehr produziert, auf Kosten einer Gesellschaftlichkeit, die sich auf die Aufrechterhaltung der Ordnung reduziert — einer Ordnung, die sich aus einer Scheingleichheit ergibt, die ihrerseits die Freiheit auf den Konsum einer wachsenden Menge von Waren reduziert. Sobald man an der Rechtmässigkeit des «Entwicklungs»mythos zweifelt, sobald die Gewissheiten, die zur Handlung drängen, ohne nach deren tatsächlichen Zielsetzungen zu fragen, verschwinden, wird es vielleicht möglich, die «Wahrheit» der Mythen, auf die sich andere Gesellschaften gründen, die «Wahrheit» anderer Bräuche, anderer Arten, dieselben Probleme zu lösen, zu erfassen. Man strengt sich an, auf andere Weise darüber nachzudenken, man betrachtet sie aus verschiedenen Blickwinkeln, und man nimmt ihre Vielschichtigkeit ernst.

Aber, wird man einwenden, wenn die «Entwicklung» ein Mythos ist, der untrennbar verbunden ist mit dem westlichen Weltbild und mit westlichen Handlungsweisen; wenn sich herausstellt, dass sie nicht auf andere Gesellschaften übertragbar ist, in denen Elend und Hunger herrschen — heisst dies dann, dass wir es hinnehmen müssen, dass der Tod dort seine Opfer fordert oder dass ganze Bevölkerungteile der fortschreitenden Auflösung ihrer sozialen Strukturen ausgeliefert sind? Das behauptet keiner der hier zusammengestellten Texte. Den Mythos der «Emtwicklung» zu hinterfragen ist eine Aufgabe, die zunächst einmal unsere eigene Kultur betrifft. Wenn es darum geht, Vorschläge zu machen, was zu tun wäre — sobald die Arbeit der Demythifizierung beendet ist — um anderswo weniger entfremdende und prekäre Lebensweisen zu fördern, dann ist das ein ganz anderes Unterfangen, dem nicht nur ein Buch zu widmen wäre, sondern auch eine umfamgreiche historische und anthropologische Forschungsarbeit.

Die Frage ist aber von so brennender Aktualität, dass sie vielleicht doch eine skizzenhafte und provisorische Antwort fordert. Diese Antwort konzentriert sich notwendigerweise auf zwei Stossrichtungen: Die erste betrifft die Wahrnehmung der gegenwärtigen internationalen Beziehungen, die zweite verlangt eine besondere Aufmerksamkeit für die sozialen Projekte der betroffenen Gesellschaften. Zunächst einmal ist die Existenz eines «internationalen Systems» eine «Tatsache», die auf verschiedene Weise interpretierbar ist. Seine prägende Wirkung ist zwar unübersehbar für den erfahrenen Beobachter, der oft in Gebiete reist, die alle in gleicher Weise durch die Unfähigkeit gegenwärtiger Strategien, die anstehenden Probleme zu lösen, ungastlich geworden sind; sie wird aber von den einheimischen Gemeinschaften, die nur bestimmte Aspekte wahrnehmen, ganz anders empfunden. Es würde von grosser Leichtfertigkeit und extremer Arroganz zeugen, an die definitive Überlegenheit der importierten Modelle zu glauben. Die

Widerstände, die sich diesen Modellen entgegenstellen, sind so vielfältig, dass sie jeglicher Illusion den Garaus machen. Zudem ist die Vitalität der Kulturen ein Phänomen, über das wir immer noch sehr wenig wissen. Die Geschichte lehrt, dass sich die Gesellschaften zwar wandeln müssen, um ihre Identität zu wahren, dass sie dabei aber durchaus fähig sind, die neuen Elemente, die sie sich aneignen, ihrem eigenen, unvorsehbaren und unnachahmlichen Einfallsreichtum entsprechend zu kombinieren. Wenn sie — wie man es allzu oft im Namen der «Entwicklung» für notwendig hält — in eine exogene Logik gezwungen werden, ist das nicht nur abwegig, sondern geradezu kriminell. Das heisst, Änderungen sind möglich, auch wenn sie viele verschiedene Formen annehmen können.

Es geht also nicht darum, «für» oder «gegen» die «Entwicklung» zu sein, denn mit der Annahme dieser Alternative würde wir unausgesprochen die Grundannahmen der gängigen Vorstellung übernehmen. Die kulturellen Hintergründe der «Entwicklung» infrage zu stellen, heisst vielmehr auch, einer Vielzahl komplexer sozialer Projekte eine Chance zu geben, die in ihrer eigenen Geschichte verwurzelt sind und sich grundsätzlich unterscheiden von allem, was ihnen «nach dem gesunden Menschenverstand» beschieden sein könnte.

Ein solches Vorgehen impliziert weder Selbstbezichtigung noch ein Schielen nach der verborgenen Weisheit des guten Wilden, der nur in unserer Vorstellungswelt existiert, und es hat auch nichts zu tun mit einem skeptischen Rückzug aus einer entzauberten Welt. Ganz im Gegenteil: es setzt eine beachtliche Anstrengung voraus, sich zu weigern, ein überholtes Paradigma als einzige Wahrheit darzustellen; es macht aber auch den Weg frei für neue Handlungsweisen und nährt schliesslich die heimliche Hoffnung, dass, wie Feyerabend sagt, «das heutige Wissen zum Märchen von morgen werden kann».

Gilbert Rist

Hören Sie also die Geschichte des Zauberringes. Ich werde sie Euch so erzählen, wie ich sie immer wieder gehört habe.

Der Zauberring

von Gilbert Rist*
mit stilistischer Unterstützung von
Béatrice Perregeaux

* Professor am Institut für Entwicklungsstudien der Universität Genf

Wir sind heute umgeben von einer phantastischen Selbstverständlichkeit des Konsums und des Überflusses, die in der Vervielfachung der Gegenstände, der Dienstleistungen, der materiellen Güter zum Ausdruck kommt und eine Art grundsätzlicher Mutation in der Ökologie der Gattung Mensch darstellt. Genauer gesagt, die Menschen, die im Überfluss leben, sind nicht mehr sosehr umgeben von Menschen – wie sie es zu allen Zeiten waren – sondern von Gegenständen.

Jean Baudrillard – La société de consommation, ses mythes, ses structures, Gallimard, Paris 1970.

s war einmal ein König, der als der glücklichste aller Herrscher galt: er besass nicht nur schöne Paläste in der Stadt und auf dem Land, herrlich verzierte Möbel, goldenes und silbernes Geschirr und vergoldete Kutschen, sein Reich war auch das am besten verwaltete Reich der Welt: Seinen Untertanen fehlte es an nichts, weder im Alltag noch an den häufigen Festen, die sie zu feiern pflegten; die Ländereien brachten Früchte im Überfluss, ohne dass es viele Landarbeiter brauchte, um sie zu bestellen. Der Überfluss, den alle für notwendig hielten, wurde von gewaltigen Karawanen hergebracht, die die Märkte ohne Unterlass mit den köstlichsten Früchten aus fernen Ländern versahen, mit Seidenteppichen, die auch die einfachsten Behausungen schmückten, mit Lauten, Zithern und Elfenbeinflöten, die unter den geschickten Fingern der Töchter des Reiches die Luft mit ihren zauberhaften Klängen erfüllten. Trotz dieses allgemeinen Glückes war der König betrübt. Er hatte seine Gattin, die Königin, verloren, und sie hatte ihm keinen Thronfolger hinterlassen. Wie er nun alt wurde, beschloss er, seine Tochter demjenigen jungen Mann aus seinem Reiche zu vermählen, der ihm das beste Pfand für seine Geschicklichkeit, seine Klarsicht und seinen Scharfsinn zu bringen wüsste.

Er rief seine Kämmerer zu sich und befal, dass die Herolde seinen Plan im ganzen Reich verkünden sollten. Die Königstochter war noch nicht zwanzig Jahre alt, aber sie war angetan mit solcher Grazie und solchen Reizen, dass jeder in ihr die verstorbene Königin zu sehen vermeinte; sie war so liebreizend und von so vollkommener Schönheit, dass die Ankündigung des königlichen Beschlusses eine gewaltige Menge von Freiern anzog, selbst aus den entferntesten Winkeln des Königreiches, alle von gleicher Wohlgestalt und alle gleichermassen darauf erpicht, das Herz der Prinzessin zu erobern. Dem König lag die Wahl umso schwerer auf dem Herzen, als er nicht die geringste Absicht hatte, das Glück seiner Tochter für die Regierung des Landes zu opfern. «Ich will», so sagte er zur Prinzessin, «dass mein Nachfolger umsichtig und klug ist in allem, was zu den Pflichten seines Amtes gehört, aber ich werde dir keinen Gatten aufzwingen, der nicht nach deinem Wunsche ist. Ich habe deshalb beschlossen, es dir zu überlassen, nach einem Mittel deiner Wahl alle auszuscheiden, für die dein Herz keine Neigung

Interkorporation

Schweizerische Organisation
für Entwicklungshilfe und -zusammenarbeit sucht

eine/n Agronomen/in

Diese Tätigkeit umfasst die Konzeption, die Planung, die
Vorbereitung und die Ausführung ländlicher Entwik-
klungsprojekte, vorwiegend in Landwirtschaftsgebieten.

Wir bieten:
**eine interessante, abwechlungsreiche und verantwor-
tungsvolle Tätigkeit.
Gute Anstellungsbedingungen.**

Wir verlangen:
**überdurchschnittlichen persönlichen Einsatz, mehr-
jährige Erfahrung in der Entwicklungszusammenarbeit; Integrationsfähigkeit in einem Team und Sinn
für Zusammenarbeit. Interesse sowohl an Grundsatz-
fragen der Entwicklungszusammenarbeit als auch für
die praktischen Probleme im Zusammenhang mit der
Planung und Ausführung der Projekte. Sinn für
Prioritäten, gute Arbeitsfähigkeit, Führungsqualitä-
ten und redaktionelle Fähigkeiten.
Gute Kenntnisse der drei Sprachen: Deutsch, Englisch, Französisch. Idealalter: 30 bis 40 Jahre.**

zeigt. Nach dieser ersten Prüfung werde ich aus den verbleibenden Freiern den auswählen, den ich für den Fähigsten halte, meine Nachfolge anzutreten.

Sosehr die Prinzessin auch beteuerte, sie habe nicht soviel Weitsicht wie ihr Vater, um solch eine Wahl treffen zu können, der König blieb bei seinem Vorhaben. Da zog sich die Prinzessin in ihre Gemächer zurück und überlegte, was am besten zu tun sei. Ihre Ratlosigkeit war so gross, dass sie sich entschloss, bei ihrer Patin, der Fee, Rat zu suchen. Die Fee tröstete sie und sagte dann: «Mach dir keine Sorgen, befolge nur meinen Rat: Geh zum König zurück und versichere ihm, das Wohlergehen des Reiches bedeute dir mehr als die Wünsche deines Herzens. Bitte ihn, einen grossen Ball vorzubereiten, die Freier einzuladen und nur die zur Auswahl zurückzuhalten, die nicht mit dir getanzt hätten.»

Obwohl sie nicht begriff, welchen Nutzen ihr dieses Vorgehen bringen könnte, suchte die Prinzessin ihren Vater auf und überbrachte ihm die Worte der Fee. Der alte König liess sich überzeugen, dass sich ihm da eine Möglichkeit böte, einen Schwiegersohn zu finden, den die Leidenschaft nicht von den Reichsgeschäften ablenken würde, und erfüllte den Wunsch der Königstochter sogleich.

Am vereinbarten Tage drängten sich die Freier im grossen Saal des Palastes, in den besten Kleidern, herausgeputzt mit Bändern und Spitzen, nach den köstlichsten Essenzen duftend und von grössten Hoffnungen erfüllt. Als sie alle versammelt waren, hielt der König seinen Einzug, in Begleitung der Königstochter. Da entstand eine grosse Stille, so sehr zog die Schönheit der Prinzessin, die in eine glitzernde, mit Edelsteinen besetzte, golddurchwirkte Robe gehüllt war, jeden in ihren Bann. An ihrer Seite schritten die Hofdamen, die aus den schönsten Mädchen des Landes auserwählt worden waren. Entgegen allen Erwartungen hielt der König keine Rede, sondern gab den Musikern gleich das Zeichen, zum Tanz aufzuspielen. Nun hub ein Wetteifern an, wem es zuerst gelänge, mit der Prinzessin zu tanzen. Alle versuchten, sich gegenseitig an Eleganz zu überbieten, alle stellten ihren Witz und ihren Scharfsinn zur Schau, taten alles, um in möglichst vorteilhaftem Licht zu erscheinen, und die Prinzessin tat bei jeder neuen Tanzrunde so, als ergötzten sie die Gunstbezeugungen und Galanterien. Man tanzte die ganze Nacht durch, und, als der Morgen dämmerte, bat der König die Gäste ohne grosses Zeremoniell, sich zurückziehen. Die meisten Jünglinge, die mit der Prinzessin getanzt hatten, waren si-

Die aktuellen internationalen Kommunikations- und Informationsstrukturen erfüllen eine doppelte Aufgabe: Erstens verbreiten sie in der Peripherie ein schlechtes Gewissen oder das Bild des Zentrums (...) Dann suchen sie in der Dritten Welt nach dem, was abweicht – weil sich nur das verkaufen lässt – um es in andern Teilen der Dritten Welt oder im Zentrum zu verbreiten.

Chakravarti Raghavan – «A New World Communication and Information Structure», Development Dialogue, Uppsala, 1981.

cher, ihr Herz gewonnen zu haben und hatten keine Ahnung, dass die Gunst, die ihnen zuteil worden war, für immer ihr Unglück besiegelte. Nur drei Freier hatten sich der Prinzessin nicht zu nähern vermocht oder nicht gewollt, sei es aus Bescheidenheit, Schüchternheit oder weiser Voraussicht.

Einige Tage später liess sie der König, wie er geschworen hatte, in den Palast rufen: «Einem von Euch werde ich die Hand meiner Tochter geben; aber vorher gebührt es sich, dass ihr mich davon überzeugt, dass ihr mit Umsicht und Klugheit die Geschäfte des Reiches zu führen wisst. Ich habe von den Karawanenführern, die für den Reichtum unserer Märkte sorgen, vernommen, dass der Sultan eines weit entfernten Fürstentums gegenwärtig grosse Schwierigkeiten hat, seine Untertanen glücklich zu machen. ich weiss nicht, welcher Art das Ungemach ist, das seine Länder heimsucht; da aber ein künftiger König imstande sein sollte, auch die unvorhersehbarsten Schwierigkeiten zu meistern, habe ich beschlossen, die Ueberwindung der Uebel, denen diese entfernten Gebiete zum Opfer gefallen sind, in eure Hände zu legen. Nach dem Mass eures Erfolges werde ich den Wert eurer Gesinnung und euren Weitblick beurteilen. Um euch in eurer Aufgabe beizustehen, übergebe ich euch diesen Zauberring, der euch weiterhilft, wenn ihr in allzu grosse Schwierigkeiten geratet: er hat die Macht, die Wünsche dessen, der ihn trägt, zu erfüllen. Aber hütet euch, ihn zu missbrauchen, und geht sorgfältig mit seinen Wunderkräften um, denn jeder darf ihn nur ein einziges Mal zu Hilfe rufen auf seiner Reise. Wenn ihr dieser Weisung zuwider handelt, dann habt ihr die schlimmste Bestrafung zu gewärtigen.»
Obwohl sie diese Rede, die sie ganz und gar nicht erwartet hatten, nicht gerade ermutigte, liessen sich die drei Freier nichts anmerken, so gross war ihr Wunsch, die Hand der Prinzessin zu gewinnen. Sie liessen das Los entscheiden, wer als erster ausziehen sollte, sein Glück zu versuchen, und der Zufall wollte es, dass das Los auf einen jungen Mann fiel, den man Epistem nannte, weil sein Wissen und die Gewandtheit seines Geistes ohne Beispiel waren.

Die Beziehungen, die zwischen den von den Verwaltungsbehörden durchgeführten Arbeiten und der wirtschaftlichen Emanzipation der einheimischen Bevölkerungen, die unter der Armut leiden, aufzubauen ist, wird den Einsatz einer wachsenden Zahl von jungen Leuten erfordern, die phantasievoll und ausreichend geschult sind (...) Es sollten nicht auf ein enges Gebiet spezialisierte Techniker sein, sondern junge Leute, die fähig sind, den Weg aufzuzeigen, den man gehen muss in diesen kleinen Angelegenheiten, die in so grossem Masse miteintscheidend sind für den Erfolg oder den Misserfolg der Anstrengungen, die unternommen werden, um den Fortschritt der modernen Technik den Bedürfnissen rückständiger Bevölkerungen anzupassen.

Völkerbund – von M. N. F. Hall ausgearbeitetes Memorandum über die auf nationaler oder internationaler Ebene zu treffenden Massnahmen zur Verbesserung des Lebensstandards, Genf, 1938.

Nachdem er seine Vorbereitungen getroffen hatte, verabschiedete sich Epistem vom König und schiffte sich im grössten Hafen des Reiches auf einem Frachtschiff ein, das unverzüglich gen Süden in See stach. Nach sieben Tagen und sieben Nächten näherte man sich den Ufern des Elefanten-Sultanats, dessen grünschimmernder Küstensaum bereits in der Ferne auftauchte. Bougainvilleas und Wurzelbäume vermischten ihr Laubwerk, soweit das Auge reichte, überragt von den Fächern der Kokospalmen, auf denen Affen keiften und Papageien kreischten.

Das Schiff ging in einer Bucht vor Anker, wo sich einige Eingeborenen versammelt hatten. Sie empfingen die Reisenden nach den Gesetzen der Gastfreundschaft ihres Landes, umso freundlicher, als sie die Kristallvasen, die Stickereien und die kostbar gebundenen Bücher bewunderten, die die Händler gegen ihr Kunsthandwerk einzutauschen pflegten. Als ihnen berichtet wurde, nach welch hohem Rang Epistem trachtete, führten sie ihn beim Sultan ein, der, in einen weiten Kattun gehüllt, seine Macht mit der Bescheidenheit auszuüben schien, die hochstehenden Leuten zur Ehre gereicht. Er ging auf Epistem zu, umarmte ihn wie einen Bruder, überschüttete ihn mit Höflichkeitsbezeugungen und bat ihn, während seines ganzen Aufenthaltes sein Gast zu sein. Herrliche Sklaven brachten goldene Krüge und schütteten Duftwasser über seine Hände, das ihn erfrischte und ihn die Müdigkeit von der Reise vergessen liess. Wenig später setzte sich die ganze Gesellschaft zu Tisch, und mehrere Gänge köstlicher Speisen — mit Saucen und Gewürzen verfeinerte Fleischgerichte und Geflügel — wurden aufgetragen, die Epistem in Entzücken versetzten. Der Sultan war von gutmütigem Wesen und neugierig auf alles, was die Sitten und Bräuche im Reich seines Gastes anging, während dieser nichts anderes im Kopf hatte, als möglichst bald herauszufinden, welcherart das Ungemach sein könnte, das er aus dem Weg räumen sollte. Beim Gespräch dehnte sich die Mahlzeit in die Länge, und als ein Stern nach dem andern am Himmel erschien, zog sich Epistem, von der Müdigkeit übermannt, in seine Gemächer zurück und verfluchte die Karawanenführer, deren Uebertreibungen den König so sehr geblendet hatten, dass er sich eine Prüfung ausgedacht hatte, die gegenstandslos war. Am nächsten Morgen zeigte ihm der Sult-

Aber es ist für die traditionelle Gesellschaft ein zentraler Tatbestand, dass es eine obere Grenze in der erreichbaren Produktion pro Kopf gibt. Diese Grenze resultiert aus der Tatsache, dass die breiten Anwendungsmöglichkeiten der modernen Wissenschaft und Technik entweder nicht verfügbar sind oder nicht regelmässig und systematisch genutzt werden können.

Walt W. Rostow – Studien wirtschaftlichen Wachstums, Vandenhoeck & Ruprecht, 1960, S. 18.

an die Umgebung der Stadt, weil er seinen Gast unterhalten wollte. Voller Aufmerksamkeit spähte Epistem nach einer Möglichkeit, eine Heldentat zu vollbringen, die ihm die Anerkennung des Sultans und die Gunst des alten Königs erringen könnte, und entdeckte bald einmal, dass das Land völlig ungeordnet bebaut war, dass man auf demselben Feld bis zu zehn verschiedene Pflanzenarten fand. «Gestatten Sie mir, meiner Verwunderung Ausdruck zu verleihen», wandte er sich an den Sultan, «wenn ich mir die Gärten ansehe, die Eure Dörfer umgeben, scheint mir, dass Eure Untertanen Mühe haben, mit den vielfältigen Pflanzenarten, die man da sieht, zurecht zu kommen und sie auseinander zu zupfen bei der Ernte! Welch vielfältige Vorteile könnten sie sich verschaffen, wenn sie die einzelnen Arten besser voneinander trennen würden. Nach Art und Grösse angepflanzt, würden sie besser wachsen und wären leichter zu ernten.» Der Sultan fand die Idee merkwürdig, aber er antwortete, es liege nicht in seiner Macht, die überlieferten Sitten zu ändern. Epistem, der verzweifelt nach einer Möglichkeit suchte, seine Klugheit und Überlegenheit zu beweisen, fuhr eifrig fort: «Sire, erlauben Sie mir, Ihnen den Grundgedanken darzulegen, der hinter meinen Überlegungen steht: Was ich bisher gesehen habe, bringt mich auf die Idee eines noch kühneren Planes: es ist nicht so sehr die Anordnung der einzelnen Gärten, die zu ändern ist, sondern vor allem der Ort, an dem sie angelegt sind. Man müsste deshalb, mit Verlaub, den Lauf des Flusses ändern, die Sümpfe an seinen Ufern trockenlegen und die Wasserfälle aus dem Weg räumen, die das Leben der Pirogenfahrer bedrohen. Glauben Sie mir, solch ein Unterfangen würde Ihnen und Ihren Nachkommen für immer die Liebe Ihrer Untertanen sichern.» Diesmal brach der Sultan in Gelächter aus: «Du willst nicht nur unsere althergebrachte Lebensweise ändern, sondern auch noch die Natur, die uns unsere Vorfahren überlassen haben. Glaube mir, dein Plan scheint mir zu verrückt zu sein, um je in die Tat umgesetzt zu werden. Aber da ich dein aufrichtiges Bemühen, mir zu Gefallen zu sein, nicht enttäuschen will, verbiete ich dir nicht, nach einer Möglichkeit zu suchen, das zu verwirklichen, was in meinen Augen ein reines Hirngespinst ist.» Mehr brauchte es nicht, um Epistem die Hoffnung, die ihn hierhergeführt hatte, wieder zurückzugeben, auch wenn das, was er sich vorgenommen hatte, ein gewaltiges Unterfangen war. In der Ungewissheit, wie er seinen Plan ausführen könnte, zog er sich zurück und wandte sich an den Zauberring, den ihm der König mit-

Unterrichtsblatt
Hinweise auf schlecht gemachte Löcher

Was der Ausbildner sagt	Was der Zuhörer sagt
Wir sehen hier ein Terrain, das zum Anpflanzen der jungen Pflanzen vorbereitet wurde.	
Sind die Löcher der Reihe nach angelegt?	Nein, die Löcher sind nicht in einer Reihe angelegt.
Liegen die Linien parallel?	Nein, sie liegen nicht parallel.
Ist das gut? Weshalb?	Es ist nicht gut, weil so das Terrain nicht gut genutzt wird.
Was muss man tun? Wie muss man mit dem Pflanzholz Löcher machen?	Man muss parallele Linien ziehen und zwischen den Löchern immer denselben Abstand halten (60 cm zwischen den Reihen und 40 cm auf den Reihen).

B. Dumont, «Die funktionelle Alphabetisierung auf Mali: eine Ausbildung für die Entwicklung», Studien und Dokumente zur Bildung, Nr. 10 (1973), UNESCO, Paris.

gegeben hatte. Die Antwort des Talismans liess nicht lange auf sich warten: «Gehe hin und lass dir einen Stoff bringen, der genau so gross ist wie das Gebiet, das du nach deinen Vorstellungen formen willst. Dann zeichne auf dieser riesigen Landkarte genau ein, was du verwirklichen möchtest. Du brauchst dann nichts weiter zu tun, als dieses Muster über die Gegend auszubreiten, die du umformen willst. Um alles weitere mach Dir keine Sorgen». Epistem machte sich an die Arbeit und zeichnete auf der riesigen Stoffbahn, die er sich hatte bringen lassen, die Anordnung der Felder ein, die ihm am günstigsten schien und vermerkte auf jedem Feld dessen Bestimmung: Da der Mais, da die Bohnen, dort das Futtergras für die Haustiere, in noch weiterer Entfernung die Mangobäume, abwechselnd mit Guaven. Er holte sich Rat bei den Beratern des Sultans, die ihm weitere landesübliche Pflanzenarten angaben und ihn baten, ihrer Bedeutung Rechnung zu tragen. Die Flüsse schliesslich zeichnete er in schnurgeradem Lauf ein und erhöhte die Böschungen durch künstlich angelegte Dämme, um die Wirkungen der Ueberschwemmungen zu vermindern. Als er jedem Stück Land die genaue Bestimmung verliehen hatte, lud er den Sultan ein, um dem Ausbreiten der Zauberkarte beizuwohnen. Sobald dies geschehen war, verwandelte sich das ehemals ungeordnete Antlitz der Landschaft in eine Reihe klar abgegrenzter Landstükke, und diese Einteilung verlieh dem ganzen Land durch das Farbenspiel der verschiedenen, nun getrennt angebauten Pflanzen das schillernde Aussehen eines riesigen Mosaiks.

Entzückt von diesem Schauspiel, gab der Sultan nicht nur zu, dass Epistem sein Versprechen gehalten hatte, sondern stimmte mit ihm auch darin überein, dass diese neue Art, sich die Natur untertan zu machen, ein Ebenmass herstellte, das Glück versprach. Um seine Bewunderung und seine Dankbarkeit auszudrücken, wollte er Epistem als Familienglied aufnehmen, verlieh ihm den Titel eines «hama», was soviel bedeutet wie «Sohn des Herrn», und liess ihm ein prachtvolles Haus unweit seines Palastes einrichten. Epistem hatte aber keine Verwendung für dieses Zeichen der Freundschaft; sein Sinn stand nur nach der Rückkehr in seine Heimat, wo er dem alten König die Kunde seines Erfolges bringen wollte. Sobald die Winde günstig waren, stach er in See gen Norden.

Nach sieben Tagen und sieben Nächten erreichte er den grossen Hafen des Königreiches. Sobald er an Land war, ging er zum Palast, überzeugt, dass er ehrenhaft eine Aufgabe erfüllt hatte, die

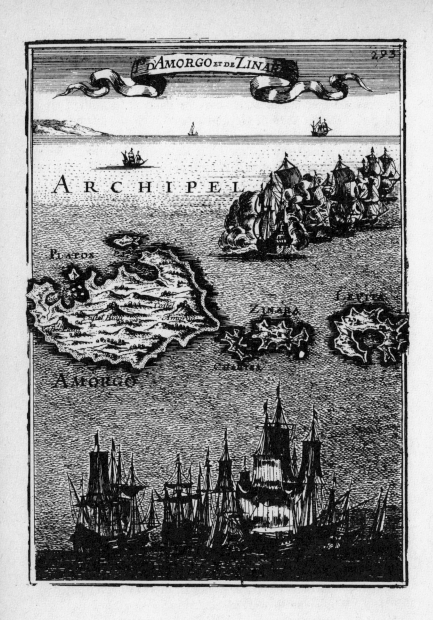

D'AMORGO ET DE ZINAR

ARCHIPEL

PLATOS

ZINARA

LEVITA

AMORGO

schwierig genug war, ihn der Hand der Königstochter würdig zu erweisen. Man hiess ihn in den grossen Empfangssaal eintreten, wo er der Reihe nach über seine Taten berichtete. Als er geendet hatten, hielten alle den Atem an in Erwartung des königlichen Urteilsspruches.

«Ich rühme deine Standhaftigkeit und deinen Mut», hub der König an, «und deine Leistung gereicht sicher unserem Reich zur Ehre, aber es bezeugt alles andere, als dass du ein umsichtiger und kluger Herrscher werden könntest.» Noch bevor sich Epistem von seiner Bestürzung und Enttäuschung erholen konnte, fuhr der König fort: «Du hast nicht begriffen, dass im Sultanat der Elephanten jede Familie dem Land, das sie bearbeitet und in dem ihre Vorfahren begraben sind, tief verbunden ist. Indem du die Felder neu verteilt hast, hast du grosse Unterschiede geschaffen zwischen jenen, die von nun an die hochstehenden ertragreichen Kulturen besitzen und denjenigen, die sich für immer mit dem Land begnügen müssen, auf dem die minderwertigen Pflanzen wachsen. Sicher, die Ernten scheinen besser zu sein als früher, und es ist sicher wahr, dass die Flüsse nicht mehr über die Ufer treten. Das wiegt aber die Tatsache nicht auf, dass du damit die Bauern um den Dünger gebracht hast, den die Ueberschwemmungen ihnen schenkten, und sie nun zusehen müssen, wie ihr Boden verarmt. Deshalb nehme ich dich trotz deiner Erfolge nicht zum Schwiegersohn. Wenn du das Los der Untertanen des Sultanats nicht verbessern konntest, wie wolltest du da behaupten, meine Untertanen glücklich zu machen?»

Jeder verwunderte sich über den Scharfsinn des Königs, der als einziger den Fehler in Epistems List aufgedeckt hatte. Noch einmal warf man die Würfel, um zu sehen, welcher der beiden letzen Freier zuerst sein Glück versuchen sollte.

as Schicksal entschied sich für Isonom, so genannt, weil er sich unermüdlich dafür einsetzte, dass die Gleichberechtigung von allen hochgehalten würde. Der König übergab auch ihm den Zauberring und ermahnte ihn, den Ring nur ein einziges Mal zu brauchen. Dann wünschte er ihm Glück und liess ihn zum Schiff führen.

Die Reise dauerte sieben Tage und sieben Nächte; als schliesslich die Küste des Sultanats in der Morgendämmerung auftauchte, erkannte Isonom die einförmige Abfolge der Bougainvilleas, der Wurzelbäume und der Kokospalmen, deren Farben sich abwechslungsweise vom gelben Sand abhoben wie die Farben eines riesigen Regenbogens. Eine kleine verstreute Gruppe Einheimischer wartete auf die Ankunft der Händler. Dem ganzen Strand entlang hatten sich Gruppen gebildet, die man auf Anhieb voneinander unterscheiden konnte: die einen, heiter und ausgelassen, sassen neben grossen Haufen von Früchten, wohlriechenden Essenzen und Wollstoffen und sahen aus wie für einen Umzug herausgeputzt mit ihren Mützen aus vielfarbigen Federn und ihren Schwertern mit Silberknauf, während die andern, weiter entfernt, eigens hergekommen zu sein schienen, um Tierhäute, Rinden und Kieselsteine zu verkaufen. Ohne sich von diesem Treiben aufhalten zu lassen, liess sich Isonom zum Sultan führen. Dieser bewirtete ihn gut, auch wenn er eine gewisse Verstimmung nicht verbergen konnte. Mit den üblichen Höflichkeitsbezeugungen wies er Isonom eine Unterkunft in der Nähe seines Palastes zu und befahl, dass man ein zusätzliches Gedeck auf den Tisch bringe. Die Tischgenossen hatten noch nicht einmal vom Fleisch gekostet, als der Sultan sich an Isonom wandte: «Du wirst sicher Kenntnis haben von den Wundern, die dein Bruder Epistem während seines Aufenthaltes vollbrachte. Nun hat sich aber herausgestellt, dass diese beispiellosen Umwandlungen uns auch viel Missgeschick gebracht haben: während sie früher eine gemeinsame Lebensweise geeint hat, fühlen sich meine Untertanen heute einer dem andern fremd, da nun ein jeglicher unter ihnen gezwungen ist, von den Einnahmequellen zu leben, die ihm durch Epistems Entscheid zugeteilt wurden. Aufgrund dieser Zuteilung sind nun einige zufällig sehr reich geworden, weil ihnen sehr ertragreiche Felder zugewiesen wurden, während es andern ebenso zufällig an den alltäglichsten Dingen fehlt. Ich fürchte, dass

Bei jedem Angriff auf die internationale Armut müssen soziale und wirtschaftliche Reformen innerhalb der Entwicklungsländer die entscheidende Rolle ergänzen, die das internationale Entwicklungsumfeld spielt – welches selbst günstiger gestaltet werden muss. In Ländern, in denen wesentliche Reformen noch nicht stattgefunden haben, ist die Umverteilung von Produktionsmitteln und Einkommen notwendig.

Das Überleben sichern, Bericht der Nord-Süd-Kommission (Brand-Bericht), Kiepenheuer & Witsch, 1980, S. 176.

mich diese Lage der Dinge um meinen Thron bringt. Nicht etwa, dass die Armen Aufstände anzetteln würden; nein, es sind vielmehr diejenigen, die bereits auf grossem Fuss leben, die immer arroganter werden: Früher protzten sie mit ihrem Schmuck aus Gold und Elfenbein, heute stolzieren sie in Waffen herum und trotzen der Herrschaft, die mir von meinen Ahnen übertragen wurde».

Isonom merkte sofort, dass sich ihm hier die Gelegenheit bot, sich die Gunst des Sultans zu erwerben und gleichzeitig dem König zu Gefallen zu sein, und ergriff seinerseits das Wort: «Seien Sie unbesorgt. Sire, denn die Lage ist nicht so hoffnungslos, wie Sie meinen. Glauben Sie, es genügt, verkünden zu lassen, dass von nun an all Ihre Untertanen gleich sind, und jedem dasselbe Recht zusteht, Nutzen aus dem ganzen Land zu ziehen, so dass es unmöglich wird, dass jemand begünstigt wird und bessere Voraussetzungen hat als andere. Wenn sie die Gerechtigkeit kennen, dann werden sie auch die Tugend lieben und mit vereinten Kräften für das gemeinsame Interesse zusammenarbeiten».

«Dieses Vorhaben ist gar nicht dumm», erwiderte der Sultan, «aber es ist gefährlich, denn nichts ist so sehr zu fürchten als der Groll derer, die man um ihren Reichtum bringt. Würdest du denn selbst auf die Plätze gehen und die Reichen darum bitten, die Zeichen ihres Wohlstandes und ihrer Macht aufzugeben?» Isonom, der nicht an diese Erwiderung gedacht hatte, antwortete, er würde darüber nachdenken, wie sich die Bedenken des Sultans zerstreuen liessen.

Sobald er sich in seine Gemächer zurückgezogen hatte, beeilte sich Isonom, den Zauberring um Rat zu fragen: «Du musst», so sagte der Ring, «den Sultan darum bitten, das ganze Volk zu einem grossen Festessen einzuladen. Sobald sich jedermann satt gegessen hat, wirfst du drei Handvoll von diesem Kraut, das die Zauberer zu sieden pflegen, um den Regen anzuziehen, in das Feuer, über dem man das Fleisch geröstet hat. Alles andere wird so leicht sein wie ein Kinderspiel». Obwohl er nicht an der Macht seines Talisman zweifelte, wusste Isonom nicht so recht, wie er den Sultan dazu bringen sollte, solch ein närrisches Spektakel zu veranstalten. «Sire», begann er, «vielleicht könnten Sie versuchen, einen Schritt weiter zu kommen in der von Ihnen gewünschten Richtung, indem Sie von den altüberlieferten Werten und Sitten Ihrer Untertanen ausgehen: Unter dem Vorwand, es sei für die Zeremonie, die die Regenmacher alljährlich zu diesem Zeitpunkt abhalten, laden Sie

E.RIVAN

50

Ihr ganzes Volk zu einem grossen Fest ein und verlangen von jedem einzelnen, gemäss seinen Mitteln etwas dazu beizusteuern. Vielleicht wird diese Erinnerung an das Teilen allen ein wenig die Freude an der Gerechtigkeit und der Menschlichkeit zurückgeben.» Der Sultan hielt zwar nicht gerade viel von diesem Vorschlag seines Gastes, weil er nicht an die Wirkung eines solchen Unterfangens glaubte. Aber er hatte eine so grosse Vorliebe für Festlichkeiten und Vergnügungen, dass er den Rat Isonoms befolgte.

Von überall her kamen die Leute; die reichsten thronten auf dem Rücken ihrer Elephanten oder Kamele. Um dem Sultan zu gefallen, hatten sie den ganzen Überfluss ihrer Scheunen und die zartesten Tiere aus ihren Herden hergebracht. Jeder wollte das schwerste Geschmeide tragen, jeder seinen Kopf mit noch schillernderen Federn krönen, jeder wollte mit dem längsten und kunstvollsten gefertigten Säbel protzen. Die Armen, die auf Esels Rücken oder zu Fuss an das Fest gekommen waren, schienen ihrerseits mit Vergnügen die niedrigen Arbeiten zu verrichten, die man ihnen zugewiesen hatte. Sie verwandelten sich in Bratköche, Köche und Küchenburschen und hatten nur eines im Kopf: von den zahlreichen Speisen aller Art zu kosten, die sie so lange nicht mehr gekannt hatten. Jeder durfte von allem nach Belieben essen. Dann sah man die Zauberer, die Regenmacher daherkommen, hinter einer Vorhut von Maskenträgern. Die Menge bildete einen Kreis um sie. Diesen Augenblick wählte Isonom, um ihnen die Kräuter zu entreissen, die sie für ihr Gebräu verwenden wollten, und warf drei Handvoll ins Feuer. Sogleich erhob sich eine riesige Wolke, die die Anwesenden in einen Zustand tiefen Schlummers versenkte. Isonom, den der Zauberring von der allgemeinen Benommenheit verschont hatte, nutzte diese Zeit zu seinem Vorteil, um alle äusseren Zeichen des Reichtums und der Macht verschwinden zu lassen. Das war umso leichter, als sich die Reichen ganz nahe beim Feuer niedergelassen hatten, um der Zeremonie beizuwohnen. Isonom warf Schwerter, Schmuckstücke und Federhüte ins Feuer. Kaum hatte er sein Werk vollendet, als die ersten, die er beraubt hatte, auch schon wieder erwachten. Der Sultan wusste als geschickter Politiker sofort, wie er dieses wunderbare Ereignis zu seinem Vorteil nutzen könnte. «Nun», sagte er zur versammelten Menge, «nun gibt es nichts mehr, das euch voneinander unterscheidet. Deshalb verfüge ich, dass niemand mehr gezwungen ist, dort zu leben, wo er geboren ist, denn die Erde gehört allen gleich, und deshalb ist es

nur gerecht, dass sich jeder dort niederlassen darf, wo es ihm beliebt.» Noch bevor er geendet hatte, unterbrachen laute Hochrufe seine Rede. In einem einzigen kurzen Augenblick war also eine ausserordentliche Änderung geschehen, die jedermann zu begeistern schien. Wenn einige auch die äusseren Zeichen ihres Ansehens verloren hatten, so erhielten sie anderseits doch immerhin das Recht, sich Ländereien anzueignen, die ihnen nach dem alten Gesetz nicht zustanden. Was diejenigen betrifft, die so sehr bedauert hatten, dass die Natur — oder das Gesetz — sie benachteiligt hatte bei der Zuteilung des Landes, so dachten sie, sie bräuchten nichts anderes zu tun, als die Orte, die ihnen soviel Unglück gebracht hätten, zu verlassen, und schon sei ihnen das Glück hold und werde sie, zusammen mit ihrem eigenen Fleiss, mit grösstem Wohlergehen geradezu überschütten. Der Glücklichste jedoch war, wie es sich leicht erraten lässt, Isonom: mit seinem wunderbaren Schelmenstreich hatte er das zweifache Ziel, das er sich gesetzt hatte, erreicht. Man führte ihn im Triumphzug zum Schiff, das ihn in seine Heimat zurückbringen würde. Der Sultan, der nun soviel Achtung vor ihm bekommen hatte, rühmte seinen glänzenden Verstand, überhäufte ihn mit Geschenken und zeigte sich untröstlich, dass er einen so erfinderischen und geistreichen Berater nicht an seiner Seite zurückhalten konnte.

Isonom reiste sieben Tage und sieben Nächte und beeilte sich, sobald er in der Heimat ankam, dem König über seine Heldentat zu berichten, überzeugt, das Glück in Griffnähe zu haben. Aber der König wollte nichts überstürzen. Er bat Isonom, am nächsten Tag wiederzukommen, damit der ganze Hof seinem Bericht beiwohnen könne. Isonom erzählte mit soviel Anmut, Geist und Vernunft, dass niemand daran zweifelte, dass die Heirat der Prinzessin schon fast beschlossene Sache wäre.

Der alte König, voller Weisheit, begann seine Rede mit dem Hinweis auf die Schwierigkeiten, die Isonom überwunden hatte, und kam dann zum Schluss: «Alles, was du getan hast», sagte er wohlwollend, «zeigt die Schärfe deines Geistes und die Klarheit deines Verstandes, und ich anerkenne ohne Mühe dein Verdienst; aber es gibt etwas, das du nicht bedacht hast: indem du den Leuten gleiche Rechte gegeben hast, ohne ihre Freiheit einzuschränken, hast du die Gefahr inkauf genommen, ein noch grösseres Unheil heraufzubeschwören als das, das du zu bekämpfen glaubtest. Nun, da sie frei sind von ihrem alten Joch, gewinnt in allen die rohe Natur die

Oberhand: wenn nicht mehr sicher ist, wem das Land gehört und keine Besitztitel und Urkunden mehr gültig sind, wie willst du dann verhindern, dass die Geschicktesten ihre Fähigkeiten dazu nutzen, die Schwächeren zu unterdrücken? Ich kann dir deshalb die Hand der Prinzessin nicht geben».

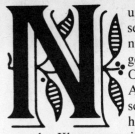un ruhten alle Hoffnungen auf Ophelim, dessen hervorstechendste Begabung es war, sich nützlich zu machen ohne Rücksicht auf irgendwelche Lehrsätze oder Konvenienzen. Ohne Zaudern erledigte er sowohl laufende Amtsgeschäfte als auch allgemeine Staatsgeschäfte. Nachdem er den kostbaren Ring erhalten hatte, der ihm erlauben würde, sich aus der Klemme zu ziehen, und sei es auch nur ein einziges Mal, schiffte sich Ophelim ein, um ins Elephantensultanat zu reisen. Sieben Tage und sieben Nächte sah er nichts ausser Himmel und Wasser. Als die Küste endlich am Horizont auftauchte, konnte Ophelim nicht umhin, sich vom Liebreiz des Ortes hinreissen zu lassen, der die Berichte Epistems und Isonoms bei weitem übertraf. «Welches Ungemach könnte ein solches Land heimsuchen, das die Natur mit ihrer Gunst zu verwöhnen scheint», fragte er sich selbst.

In der Umgebung der Bucht, in der das Schiff vor Anker ging, spielte sich ein seltsames Schauspiel ab. Die Menge setzte sich zusammen aus Leuten, denen eine einheitliche Tracht den Anschein einer erstaunlichen Eintracht verlieh, wiewohl aber ihr Geschrei und ihre aufgeregten Bewegungen deutlich zeigten, dass sie in Wirklichkeit höchst uneinig waren. Ophelim, der die Sprache des Landes nicht verstand, hatte keine Möglichkeit, den Gegenstand ihres Zankes herauszufinden, aber es ging offenbar um etwas sehr Wichtiges, weil er alle Mühe hatte, jemanden zu finden, der bereit war, mit dem Gezänk aufzuhören, um ihn zum Sultan zu begleiten. Dieser war nicht mehr in dem Glückszustand, in dem ihn Isonom zurückgelassen hatte, und die Ankündigung eines neuen Besuchers stimmte ihn nur noch verdriesslicher. Ophelim brauchte all seine Geduld und all sein Feingefühl, um die schroffe Zurückweisung des Sultans zu überwinden. Als er endlich vom Sultan empfangen wurde, erkundigte er sich ohne Verzug nach dem Zustand des Landes, weil er glaubte, dass es ihm umso leichter fallen werde, sich die süsse Belohnung zu verdienen, die der König versprochen hatte, je schwerer seine Aufgabe sei. «Unser Land», hub der Sultan an, den die Trauer schwer niederdrückte, «unser Land wird von schrecklichen Unruhen erschüttert, seit wir die Unterschiede zwischen den Bewohnern aufgehoben haben. Sicher schienen die krassen Unterschiede in den Lebensbedingungen, die wir früher hier hatten, die Eintracht zu bedrohen, die die Stärke eines Landes aus-

Die Arbeitsteilung, die so viele Vorteile mit sich bringt, (...) entsteht vielmehr zwangsläufig, wenn auch langsam und schrittweise, aus einer natürlichen Neigung des Menschen, zu handeln und Dinge gegeneinander auszutauschen.

Adam Smith – Der Wohlstand der Nationen, eine Untersuchung seiner Natur und seiner Ursachen, 1776, Deutsch: Beck, München, 1974, S. 16.

Sehr wenige Leute im Norden haben eine präzise Vorstellung vom Ausmass der Armut in der Dritten Welt oder von den Formen, die sie annimmt. Viele Hunderte von Millionen Menschen in den armen Ländern der Welt sind einzig und allein von den elementaren Bedürfnissen des Überflusses in Anspruch genommen.

Brandt-Bericht, a.a.O., S. 65.

macht, aber jeder fand sich mit seiner Lage ab und war zufrieden damit, weil er sie nicht ändern konnte. Heute, wo sie äusserlich nichts mehr voneinander unterscheidet, sind meine Untertanen uneiniger und zerstrittener denn je, und mein Reich ist voll von Säbelrasseln und inneren Zwisten. Wenn du hörst und siehst, mit welcher Gehässigkeit sie sich ereifern, dann wisse, dass es nicht etwa darum geht, sich über irgend einen wichtigen Grundsatz zu einigen, sondern nur darum, Gewinne und Verluste ihrer Geschäfte in Silber aufzuwiegen. Ohne Unterlass versucht jeder, soviel an sich zu raffen wie möglich, ohne dass sich die Reichen jemals darum kümmern, dass sie den Armen das Brot vom Munde wegreissen. Dieser ständige Drang, Geschäfte zu machen und Tauschhandel abzuschliessen, ruiniert das ganze Land, weil sie nun sogar soweit gehen, die Flüsse zu verkaufen und die Ländereien zu verpachten, was unserem Brauch zuwiderläuft.»

Diese Rede brachte Ophelim in Verlegenheit, weil er bisher nie daran gezweifelt hatte, dass der Tauschhandel für alle von Vorteil sei. Er zog es deshalb vor, an ein paar Beispielen genauer zu untersuchen, welche Folgen diese seltsame Landplage zeitigte. «Sire», wandte er sich an den Sultan, «bitte sagt mir doch ohne Umschweife, worin sich denn tatsächlich das Unglück Eurer Untertanen zeigt, denn mir scheint, dass die Uneinigkeit über den Wert der Dinge die Menschen kaum in eine so grosse Feindschaft zu stürzen vermag.» Jetzt liess der Sultan seinem Zorn freien Lauf und erwiderte hart: «Da du meine Erklärungen überhaupt nicht begreifst, geh doch hin und schau dir das Land an! Du wirst nebeneinander die sehen, die sich bereichern, indem sie das Wasser, das uns der Himmel schenkt, verkaufen, während die Masse des Volkes verdurstet; du wirst Leute sehen, die in Saus und Braus leben, nachdem sie ihre Felder an fremde Händler verschachert haben, während andere ihre Kinder verkaufen, um zu überleben, weil sie sie nicht ernähren können. Unsere Not ist so gross, dass ich dich dazu herausfordere, Mittel und Wege zu finden, sie zu überwinden». Ophelim be- folgte den Rat des Sultans. Nach seiner Reise durch das Land musste er zugeben, dass die Lage noch verhängnisvoller war, als sie ihm der Sultan beschrieben hatte. Er kam zum Sultan zurück und richtete folgende Worte an ihn: «Noch nie habe ich ein solch zerrüttetes Land gesehen: nichts hat mein Herz mehr erschüttert als das Schauspiel der Armen, die in diesem unbeschreiblichen Elend stöhnen. Sicher, die Bewohner Eures Landes sind nicht alle

Das wichtigste Kennzeichen eines Entwicklungsansatzes, der von den Grundbedürfnissen ausgeht – ein Kennzeichen, das zweifellos den breiten Erfolg erklärt, den dieser Ansatz umgehend erziehlte – ist der Grundsatz, der Befriedigung der Grundbedürfnisse der armen Massen in der kürzest möglichen Frist Priorität einzuräumen.

The Basic-Needs Approach to Development, some issues regarding concepts and methodology, International Labour Office, Genf, 1977.

unglücklich, und ich habe mehrere gesehen, denen es gut geht, aber sind diese Inseln des Reichtums nicht lächerlich angesichts dieses Meeres von Armut, das alles zu überfluten droht? Kein Zweifel, Gefahr ist im Verzug, aber es hilft nichts, über das Unglück zu klagen: wenn man nichts tut, stürzt man das ganze Land in den Tod.» Der Sultan ergriff wieder das Wort: «Ich möchte wetten, dass du mir gleich eine List nach deiner Façon vorschlagen und dich damit brüsten wirst, dass sie das Glück im Lande wieder herstellt. Nun hat mir die Erfahrung gezeigt, dass es falsch war, nicht zu warten, bis die Folgen der Schelmenstreiche deiner Vorgänger ans Licht gekommen sind. Ich habe deshalb beschlossen, diesmal jeglichen Vorschlag, den du mir machst, anzunehmen, aber du musst deinerseits einverstanden sein, danach sieben mal sieben Wochen mein Gast zu bleiben. Wenn sich nach Ablauf dieser Frist das Glück meines Volkes tatsächlich merklich vergrössert hat, werde ich dich mit Ehren überhäufen; sollte dies aber nicht der Fall sein, werde ich dich hängen lassen.»

So gefährlich dieser Vertrag auch war, Ophelim hatte keine andere Wahl, als ihn anzunehmen, wenn er nicht auf die Hand der Prinzessin verzichten wollte. Er liess also den Sultan wissen, dass er seinem Wunsch stattgebe und ging hin, um den Zauberring zu befragen, der ihm folgende Antwort gab: «Reise noch einmal durch das Sultanat und lasse kein Dorf aus. Dann mach eine möglichst genaue Auflistung aller Güter, die fehlen. Wenn du ausgerechnet hast, wieviel es braucht, um die Armen des Landes zu ernähren, ordne an, dass man einen Kochkessel herstelle, der gross genug ist, um alle Nahrungsmittel aufzunehmen, die du vorgesehen hast, um den Rest kümmere dich nicht.» Ophelim rannte zum Sultan, um ihn von seinem Plan in Kenntnis zu setzen und ihn zu bitten, in Bälde einen Trupp Schmiede zusammenzustellen. Ophelim selbst machte noch einmal die Runde durch das Land und liess nicht den kleinsten Weiler aus, fragte jeden Bewohner aus, um seinen Geschmack, seine Gewohnheiten und seine Wünsche kennenzulernen. Dann rief er alle Gelehrten, die er finden konnte, zusammen, um eine tadellose Zusammenstellung all dessen zu erreichen, was er auf seiner Reise erfahren hatte. Alle waren einhellig der Meinung, dass der Kochkessel den Umfang einer Meile haben und hundertzehn Ellen tief sein sollte. Noch niemals hatte man solch ein Gerät gesehen, und als man dem Sultan seine Ausmasse mitteilte, meinte er, diese Ausgaben seien umso sinnloser, als doch nie-

mand wisse, wie der Kessel zu füllen sei. Ophelim aber überzeugte ihn, sich diesem Unterfangen nicht zu widersetzen. Die Schmiede machten sich ans Werk, und als sie fertig waren, bat Ophelim den Sultan, alle Notleidenden des Landes einzuladen, um sich satt zu essen. Am besagten Tage füllte sich der riesige Kessel dank der Wunderkräfte des Zauberrings. Alle Armen, alle Bettler und Zerlumpten strömten herbei; es war wunderbar, zuzusehen, wie sie sich am Essen ergötzten und ihre erlahmten Kräfte wiedererlangten. Jeder Morgen brachte einen neuen Zug Hungernder, die sich zu der Menge vom Vortag gesellten.

Gut sechs Monate vergingen, bis alle Verelendeten des Sultanates in des Genuss des grossen Glücks gekommen waren. Als sich nun der letzte sattgegessen hatte, merkte man, dass der Inhalt des Kessels abnahm. Die Menge zerstreute sich aber nicht. Ganz im Gegenteil: diejenigen, die sich bis jetzt zufrieden gegeben hatten mit dem Anteil, der ihrem normalen Bedürfnis genügte, strengten sich an, um das Doppelte zu erhalten, was den restlichen Inhalt des Kessels umso schneller aufzehrte. Als sich die Nachricht ausbreitete, dass das Wunder seinem Ende zuging, begann die Menge gegen den Sultan zu murren. Ophelim wurde es höchst ungemütlich ob der verhängnisvollen Wende der Ereignisse; mit allen Mitteln der Redekunst versuchte er, den Sultan zu besänftigen und beteuerte immer wieder seine Aufrichtigkeit und die Genauigkeit seiner Berechnungen, aber es half alles nichts. Der Sultan blieb unbeugsam, und der Inhalt des Kessels nahm weiterhin ab. Es liegt in der Tat in der Natur der Dinge: je mehr man hat, desto mehr will man. In seiner ausweglosen Lage rief Ophelim Himmel und Erde um Hilfe an. Er befahl, die Saucen zu strecken, rief die Reichsten dazu auf, die Erzeugnisse ihrer Gärten mit den Armen zu teilen und entschloss sich, seine letzten Taler für den Kauf neuer Lebensmittel auszugeben. So konnte er die Frist ein paar Wochen hinausschieben, aber nicht verhindern, dass sich der Kessel unaufhaltsam leerte. Da sah er in der verzweifelten Angst, sein Leben verwirkt zu haben, keinen anderen Ausweg mehr, als sich ein zweites Mal dem Zauberring anzuvertrauen, und flehte ihn an, ihn doch nicht im Stich zu lassen. «In dieser Angelegenheit», antwortete der Ring, «zählt allein das Glück der Prinzessin und die Zukunft ihres Reiches. Deshalb soll man nicht sagen können, dass du dem Sultan einen schlechten Dienst erwiesen hast; ich verweigere dir meine Hilfe nicht, und du wirst ohne Verzug in das Land deiner Väter zu-

rückkehren können. Kehre nun zur Menge zurück, die ungeduldig wird; unterwegs pflückst du drei Handvoll frischer Kräuter, die die Sonne noch nicht ausgedörrt hat und wirfst sie in den Kessel, ohne dich weiter zu kümmern, was dann geschieht.» Ganz überrascht, dass der Talisman ihm seine Hilfe nicht verweigert hatte, beeilte sich Ophelim, der seine gute Laune wiedergefunden hatte, den Rat, den er erhalten hatte, genau zu befolgen. Nun, kaum hatte er die dritte Handvoll Kräuter in den Kessel geworfen, als darin ein gewaltiges Brodeln anhub, das all diejenigen, die gerade ihren Anteil herausschöpfen wollten, in Angst versetzte. Sobald sich der Wirbel gelegt hatte, erdreisteten die Hungrigsten sich sofort wieder, zuzugreifen und tauchten ihr Kochgeschirr in das riesige Gefäss, das bereits zu drei Vierteln leer war. Der Rest versiegte aber nun nicht mehr, soviele Masse man auch herausschöpfte. Wie man sich denken kann, war die Freude unübertrefflich, und man führte Ophelim im Triumph zum Palast des Sultans. Dieser rüstete ihm zu Ehren zum Fest, weil er nicht ohne Vergnügen darauf wartete, ihn hängen zu sehen. Eine ganze Woche lang erfreute man sich bei Tanz, Spiel und Konzerten. Nach diesen Festlichkeiten überreichte der Sultan Ophelim Jadeschalen, Schemel aus Ebenholz, goldene Armreifen und Vasen aus Elfenbein von solcher Schönheit, wie man es noch nie gesehen hatte; sie waren so schwer, dass zehn Männer kaum genug waren, um sie zu tragen.

Das Ende der prunkvollen Zeremonien fiel gerade mit der Frist zusammen, die der Sultan Ophelim gesetzt hatte, um sicher zu gehen, dass es keinen Hasenfuss gab im Kunstgriff seines Gastes. Obschon er es gerne gesehen hätte, dass Ophelim nun, da er seinen Auftrag erfüllt hatte, in seinem Land geblieben wäre, widersetzte er sich seiner Abreise nicht. Er begleitete ihn zum Schiff, wo man bereits die Segel hisste, umarmte ihn, als ob er sein eigener Sohn wäre und verabschiedete sich von ihm unter Bezeugungen seiner immerwährenden Dankbarkeit.

Geblendet durch seinen Erfolg verbrachte Ophelim die sieben Tage und Nächte seiner Heimfahrt prassend und feiernd mit seiner kleinen Gefolgschaft von Händlern, denen er allen versprach, ihnen die vorzüglichsten Aemter anzuvertrauen, sobald er König sei. Jeder sah sich schon als grossen Kämmerer, als das Schiff die Küsten des Reiches erreichte. Bei der Landung gab es ein grosses Gedränge, weil jeder der sein wollte, der als erster die glückliche Nachricht verbreitete.

ie üblich versammelte der König den Hof um sich, um sich den Ablauf der Prüfung erzählen zu lassen. Ophelim sandte Träger voraus, die alle Geschenke, die er erhalten hatte und die seinen Erfolg bezeugten, der Königstochter zu Füssen legten; dann hielt er selbst seinen Einzug, so gehobenen Gemütes, dass er sich kaum zurückhalten konnte. Der König hiess ihn, sich zu setzen und in allen Einzelheiten über seine Heldentaten zu berichten. Ophelim begann damit, zu beschreiben, wie der unbezähmbare Wunsch, alles zu kaufen und alles zu verkaufen, die meisten Bewohner in die grösste Armut gestürzt hatte, ungeachtet ihrer angeblichen Gleichheit. Er erging sich in ausführlichen Beschreibungen der Gefahren, in die er sich begeben hatte, um sich der Herausforderung des Sultans zu stellen, sowie der Mittel, derer er sich bedient hatte, um der Menge der Notleidenden das Leben wiederzugeben, das sie nahe daran waren auszuhauchen. Er schloss mit dem Bericht über die Festlichkeiten, die man zu seinen Ehren veranstaltet hatte, hütete sich aber wohl, zu sagen, dass er, um sein Leben zu retten, ein zweites Mal die Wunderkräfte des Zauberrings in Anspruch genommen hatte. Alle staunten, als sie seine Worte vernahmen, und wussten nicht, was sie mehr bewundern sollten, den Scharfsinn Ophelims, der ein solches Glück wieder hergestellt hatte, oder die Geschenke des Sultans, die die Augen zum Leuchten brachten. Sogar der König liess seine Freude durchblicken, als er genauer wissen wollte, mit welchen Gunstbezeugungen der Sultan Ophelim überschüttet hatte und wozu man in jenem fremden Land die Gegenstände verwendete, die er mitgebracht hatte.

Unter den Anwesenden herrschte eine solche Übereinstimmung, dass niemand an der Entscheidung zweifelte, die der König fassen würde, Dieser aber liess die Leute wissen, dass er gerne die Ansicht aller Umstehenden kennen möchte und forderte jeden auf, seine Meinung zu sagen — was er noch nie getan hatte. Zuerst sprachen die ältesten Berater, dann wurden die Kämmerer und nach ihnen die Schildknechte befragt, Nach ihnen kamen die Richter, die Edelleute und die Schöffen an die Reihe. Sie alle gaben dieselbe Antwort, denn Ophelim hatte die Gunst aller gewonnen. Man vermeinte, niemanden vergessen zu haben, als die Fee, die Patin der

Königstochter, ihrerseits ihre Ansicht mitzuteilen verlangte. «Sire, sagte sie, ich befinde mich in so grosser Verlegenheit, dass ich kaum Worte finde; ich zittere ob der Feststellung, dass meine Meinung von der, die alle hier zu teilen scheinen, abweicht. Aber die Liebe zur Wahrheit drängt mich, Euch zu warnen, dass der Erfolg, dessen sich Ophelim rühmt, gar nicht so überwältigend ist, wie er uns glauben machen will.»

Der König, sprachlos ob der Eigentümlichkeit dieser Worte, bat die Fee, sich genauer auszudrücken. «Es stimmt zwar», fuhr sie fort, «dass sich die Untertanen des Sultans hinfort nicht mehr abmühen müssen, um ihr Ueberleben zu sichern, aber dazu ist zu sagen, dass dieses Ergebnis durch Betrug zustande kam. Ophelim hat sich nur dadurch aus der Klemme ziehen können, dass er, in Übertretung Eures ausdrücklichen Befehls, zweimal die Wunderkräfte des Zauberrings in Anspruch genommen hat. Nun weiss ich aus sicherer Quelle, dass solcher Ungehorsam nicht ohne Folgen bleibt, da die Macht des Rings nicht ungestraft herausgefordert werden kann: sie ist zwar wirksam, wenn sie zum ersten Mal gerufen wird, aber nur vorübergehend beim zweiten Mal. Daraus folgt, dass das Hilfsmittel, das Ophelim ersonnen hat, seine Wirkungen, die Ophelim die Dankbarkeit des Sultans eingebracht haben, nicht lange entfaltet.»

Nach dieser Rede verbreitete sich Bestürzung unter den Anwesenden: indem die Fee den Betrug, dessen sich Ophelim schuldig gemacht hatte, ans Licht brachte, stellte sie den Weiterbestand des Staates aufs Spiel, der ja von der Heirat der Prinzessin abhing. Der König, den die Worte der Fee mit Schmerz erfüllte, ergriff das Wort: «Der Gedanke, dass gerade derjenige, auf den ich all meine Hoffnungen gesetzt habe, uns ins schlimmste Unglück stürzt, erfüllt mich mit Zorn. Eben noch hat jeder in dir, Ophelim, den Mann gesehen, der das ursprüngliche Glück der Untertanen des Sultans wieder hergestellt hat, und nun stehst du plötzlich da als einer, der mein Vertrauen missbraucht hat und sowohl das Glück meiner Tochter als auch den Fortbestand meines Reiches aufs Spiel setzt. Auch wenn ich noch gar nicht beschlossen habe, welche Strafe ich dir auferlege, wisse, dass mein Zorn ebenso gross ist wie dein Verrat!»

Bei diesen Worten brach die Prinzessin, die für Ophelim so in Liebe entbrannt war, dass sie es nicht verbergen konnte, in Schluchzen aus und wandte sich mit tränenüberströmtem Gesicht an ihren Va-

ter: «Sire, wenn die Angelegenheiten des Reiches mich schon nichts angehen, so duldet wenigstens, dass ich mich zu der Angelegenheit äussere, die mich betrifft, und erlaubt nicht, dass Euer gerechter Zorn, den es drängt, das Verbrechen eines Schuldigen zu bestrafen, nicht darüber hinaus das Glück einer Unschuldigen zerstört! Was wird mir am Tage Eures Todes bleiben, wenn Ihr, um Euch zu rühmen, dass Ihr nur einen untadeligen Freier annehmt, mich einsam bleiben lässt, der Zuneigung eines Gatten und der Tröstung durch Kinder beraubt? Und weshalb, so frage ich Euch untertänig, seid Ihr, um das Glück Eurer Untertanen zu sichern, gezwungen, Eurer eigenen Tochter den Mann vorzuenthalten, nach dem ihr Herz verlangt?»

Die Fee unterstützte diese Bitte und sagte: «Indem Ihr darauf verzichtet, meine Patentochter zu verheiraten, weil keiner der Freier geschickt genug ist, um die Reichsgeschäfte erfolgreich zu führen, trefft Ihr, Sire, eine Entscheidung, deren Wirkungen den Zielen, die Ihr anstrebt, zuwiderlaufen. Denkt daran: wenn meine Patentochter für den Rest ihres Lebens dazu verdammt wird, ihre Einsamkeit zu beklagen, wird das ganze Reich bald einmal in Langeweile, Armut und Unglück gestürzt. Denn das Königtum ist nicht nur ein Mittel, um die Menschen zu regieren; sondern es ist auch der Ursprung aller Künste, die Triebkraft des Austausches und des Handels, die Triebfeder des Reichtums. Der Hoffnung auf einen Thronfolger beraubt, wird der Glanz Eures Thrones verblassen, und über kurz oder lang, sobald diese gewaltigen freiwilligen Abgaben, die zusammen mit dem Ertrag der Zinsen und Pensionen den Überfluss des Reiches ausmachen, versiegen, wird der Prunk des Hofes zur Neige gehen, der Reichtum der Händler erschöpft sein und der Wohlstand der Menschen schwinden. Hört auf meinen Rat. Zögert nicht zulange und trachtet danach, nun den Scharfsinn der Freier daran zu prüfen, ob sich einer findet, der besser als die andern den verhängnisvollen Zwiespalt lösen kann, in den wir gestürzt worden sind.»

Diese Massnahmen müssen darauf abzielen, den einheimischen Bevölkerungen den Zugang zu einer wachsenden Versorgung mit industriellen Konsumartikeln und geeigneten Produkten welcher Herkunft auch immer zu sichern. (...) Nur durch die Ausweitung eines multilateralen Handels kann der Fortschritt der einheimischen Bevölkerungen und der Mutterstaaten am besten gesichert werden.

Völkerbund – von M. N. F. Hall ausgearbeitetes Memorandum zu den auf nationaler und internationaler Ebene zu treffenden Massnahmen zur Verbesserung des Lebensstandards, Genf, 1938.

ls der König diese neue Sicht der Dinge vernahm, wurde ihm schnell klar, wie er sie nutzen konnte: Wenn er die drei jungen Männer der von der Fee vorgeschlagenen Prüfung unterzog, hatte er da nicht Gelegenheit, festzustellen, welcher sich als der Klügste erwies? Er liess sie also erneut herrufen und verlangte von ihnen, Mittel und Wege zu finden, wie man, falls er ohne Nachfolger bleiben sollte, den Überfluss, an den seine Untertanen sich gewöhnt hatten, aufrecht erhalten könnte.

Epistem und Isonom wandten alle Regeln der Vernunft an, um Rezepte zu finden, die den Handwerkern Arbeit verschaffen und den Verbrauch ankurbeln könnten, Epistem schlug vor, die Wege und Plätze zu erneuern oder alle Erfindungen zu zerstören, die die mechanischen Arbeitsgänge erleichtern; Isonom schlug vor, alle dazu zu ermuntern, stets ihre Festkleider anzuziehen oder die Reichen zu zwingen, nur im Stuhl herumzureisen. Aber ihre Reden überzeugten niemanden. Da wandte sich der König zu Ophelim, der kaum sprechen konnte.

«Sire», sagte er, «Ihr gewährt mir eine höchst unverdiente Ehre, mir die Übel zu unterbreiten, die Euer Reich bedrohen und deren Urheber in erster Linie ich selbst bin. Ich müsste tausend Tode leiden, weil ich mein Leben dadurch gerettet habe, dass ich meine Vorsätze verriet. Da ich mit einem einzigen Streich meiner Verwegenheit das Vertrauen des Sultans getäuscht, die Hoffnungen Ihrer Tochter zerstört und den Reichtum Eurer Untertanen untergraben habe, zittere ich beim Gedanken, dass ich beim Versuch scheitern könnte, diesen Frieden, den ich so sehr getrübt habe, nach meinen besten Kräften wieder herzustellen. Erlaubt aber dennoch, dass ich Eurem Urteil ein Mittel unterbreite, das, wenn es Euch gefällt, es in Erwägung zu ziehen, das Unglück, das ich heraufbeschworen habe, ins Gute verkehren könnte: Um den Wohlstand Eures Reiches, der durch einen verwaisten Thron dahinschwinden würde, aufrecht zu erhalten, würde es genügen, Sire, den Sultan zu überzeugen, dass er seine Untertanen glücklich machen könnte, wenn er alle unsere Erzeugnisse, die wir nicht selbst brauchen, annähme. Dann würden wir sehen, wie sich unsere bebauten Felder ausdehnen, wie sich der Fleiss der Arbeiter verdoppelt und unsere Märkte wachsen, während dort unten die Reichen die Güter, um die sie uns beneiden, in Hülle und Fülle erhielten

Wenn der Norden zu dieser Entwicklung beitragen will, indem er den Handel mit der Dritten Welt ausweitet (...) und wenn er gleichzeitig seine eigenen Probleme lösen will, dann ist allerdings Wachstum eine politische Notwendigkeit.

Brandt-Bericht, a.a.O., S. 46

(MFI): Frankreich vervielfacht seine Anstrengungen, um wirksamere Entwicklungshilfe zu leisten. Mit der Schaffung der «Projektbörse» hat M. Christian Nucci, Minister für Zusammenarbeit und Entwicklung eine neue Formel der «dezentralisierten Zusammenarbeit» geschaffen, die das ehrgeizige Ziel verfolgt, diejenigen, die etwas brauchen, diejenigen, die Projekte haben und diejenigen, die die Mittel haben, zusammen zu bringen.

Médias France Intercontinents, Radio France internacionale.

und die Armen sich einbilden würden, dass ihre Not bald ein Ende hätte. Kurz gesagt: Wir müssen unseren Reichtum auf ihrem Unglück aufbauen und unsere Macht auf ihre Schwäche stützen.»

Während dieser Rede, der sie mit gespannter Erwartung lauschten, verwandelte sich der Zorn der Anwesenden in Bewunderung für den Mann, der soviel scheinbare Überspanntheit mit soviel Weisheit zu paaren wusste. Jedermann war für ihn; nicht, weil er gut war, sondern, weil er vernünftig war. Der alte König ergriff nun das Wort und wandte sich an Ophelim: «Auch wenn sie zehntausend Meilen weit entfernt stattfand, hatte die Prüfung, die ich dir auferlegt habe, doch als einziges zum Ziel, denjenigen herauszufinden, der am besten das Glück meiner Untertanen sichern könnte, weil das allein für mich zählt. Das Geschick, das du an den Tag legst, um aus dem Fehler, dessen du dich dem Sultan gegenüber schuldig gemacht hast, ein sicheres Pfand für den Wohlstand meines Landes zu machen, beweist in glänzender Weise die Grösse deines Scharfsinnes und deines Erfindungsgeistes, Deshalb habe ich mich entschieden, dich als Schwiegersohn zu wählen, um die Zukunft meines Thrones und das Glück meiner Tochter zu erhalten. Da ich aber das Zeichen deines Betruges nicht ganz unter den Tisch wischen kann, wird sie die Königin sein und du der Prinzgemahl».

Alles klatschte Beifall für das Ausmass an Recht und Billigkeit, das diesem Urteil innewohnte, und man ging unverzüglich daran, die Hochzeitsfeierlichkeiten vorzubereiten, die der König sogleich ansetzte, Ophelim, der nichts von seiner aufblühenden Leidenschaft verbarg, nahm den Titel eines Prinzen an un die Königstochter, der der König den Thron überliess, wurde Königin. Sie heirateten und hatten viele Kinder, von denen sich die meisten heute noch daran erinnern, dass man sich selbst und den Ahnen gegenüber nie so treu bleibt, als wenn man sich ungewollter Verbrechen andern gegenüber schuldig macht.

Die mythischen Grundlagen des gängigen Entwicklungs-Verständnisses

von Fabrizio Sabelli*

Eine Gesellschaft ist nur in dem Masse eine «Gesellschaft mit Traditionen», als sie die Grundsätze, auf die sich ihre soziale Ordnung stützt, durch die bewusste Erzählung ihrer Geschichte in Form von Legenden, Sagen und Märchen bestätigt, erneuert und aktualisiert, sie aber gleichzeitig laufend den Ereignissen anpasst, die eine Änderung der internen Organisation dieser Gesellschaft hervorrufen.

So ist die mündliche Ueberlieferung fast immer ein «gesellschaftsbildendes» Wissen, das in der Gestalt der Erzählung sagt, was gut und was böse, was erlaubt und was verboten, und vor allem, was richtig und was falsch ist.[1]** Das Wesen der sozialen Institutionen steht ebenso wie die Substanz der Regeln und der Gesetze in Uebereinstimmung mit den Grundsätzen, die dieses Wissen definiert, was die Aufrechterhaltung der Gesellschaftsordnung mittels eines Konsenses sicherstellt, einer Art «sich zugehörig zu fühlen» oder gesellschaftlich zu leben, indem man den Sinn, den dieses Wissen vermittelt, für sich als richtig erkennt und annimmt, Wie steht es mit der Ueberlieferung im sozialen Universum der modernen Gesellschaft? Für einen Nicht-Spezialisten ist es schwierig, diese Frage zu beantworten: Man könnte sagen, der Mythos bestehe weiter, wenn auch in veränderter Form, werde aber anders vermittelt; er werde mit den Informationsmitteln, die eine technologisch informierte Gesellschaft erfunden hat, weitergegeben.[2] Auch wenn die

* Pofessor am Institut für Entwicklungsforschung der Universität in Genf und an der philosophisch-historischen Fakultät der Universität Neuenburg.
** Die Fussnoten sind jeweils am Ende des Kapitels zu finden.

konventionelle Form («Es war einmal…») nicht mehr geachtet wird und die Überlieferung im Familienkreis mehr und mehr verschwindet, so sind die erfundenen und sinngebenden Geschichten dennoch nicht verschwunden, Sie bedienen sich nur anderer Hilfsmittel und wenden sich an grössere Gruppen. Und doch erfüllt beispielsweise die Geschichte der technologischen Errungenschaften sehr wohl die traditionelle Funktion des Märchens.[3]

So lässt sich ein roter Faden erkennen, der sich durch alle in dieser Studie vorgebrachten Überlegungungen zu den *mythischen Beweggründen des üblichen Entwicklungsverständnisses zieht,* eine Art allgemeine Hypothese, die vorschlägt, jegliche Gesellschaft als «Gesellschaft mit Tradition» zu betrachten, unter der Voraussetzung, dass die Funktionsweise dieses Wissens, das ich «gesellschaftsgründend» genannt habe, explizit gemacht wird. Das läuft schliesslich darauf hinaus, zu behaupten, dass es eine gewisse Übereinstimmung auch unter den unterschiedlichsten Gesellschaften gibt, wenn man den Stellenwert der mythischen Dimension in den sozialen Praktiken und in den Institutionen einer aufmerksamen Betrachtung unterzieht.

Dieser Text verfolgt also das Ziel, die Leser und den Autor dazu zu bringen, die Existenzberechtigung dieser Idee zu hinterfragen, die einen integralen Teil unserer Tradition bildet, auf unterschiedlichen Ebenen und in unterschiedlichem Ausmass zahllose Praktiken prägt und eine gewaltige Zahl von Institutionen und Organisationen ins Leben ruft, legitimiert und reproduziert.

Das Problem ist, zu wissen, wie man eine Frage, die uns «auf den Leib geschrieben ist», die zu den Selbstverständlichkeiten gehört, über «die man nicht diskutiert», aus der Distanz betrachten kann, ohne auf die sattsam bekannten und abgedroschenen Argumente einer an sich ablehnenden Haltung gegen «Entwicklung» zurückzugreifen. Ich werde versuchen, einen für die Forscher der Sozialwissenschaften kaum üblichen Weg zu gehen, einen Weg, der, von den «Rohmaterialien» ausgegehend,mit denen Überlegungen normalerweise untermauert werden, zur Enthüllung ihres verborgenen, unbewussten oder unausgesprochenen Sinnes führt, um die aktuelle Praxis der «Entwicklung» infrage zu stellen, deren Legitimierung sich grossteils auf die Tatsache stützt, dass sie *in der Gesellschaft als notwendig anerkannt werden.* Der Leser wird hier also nicht ein «fertiges Produkt» vorfinden (die Ergebnisse einer anthropologischen Untersuchung über die Vorstellungen, die hinter der Entwicklungsidee stehen), sondern einen Aufarbeitungsprozess «in Aktion», d.h. ein Verfahren, das die Überlegung dazu führt, die Probleme durch einen schrittweisen Übergang vom Einfachen zum Komplexen zu erfassen, auf einem Weg, der das platte Gebiet des «gesunden Menschenverstandes» hinter sich lässt und in die abenteuerlichen Gegenden der theoretischen Reflexion vordringt. Deshalb haben wir die Form des Dialoges zwischen dem Autor und einem imaginären Gesprächspartner gewählt, der zwar über den kritischen Entwicklungsansatz relativ im Bild ist, aber doch Fragen und Bemerkungen anbringt, die von dem ausgehen, was man die «gängige Entwicklungsvorstellung» nennen könnte.

Man sagt, die Entwicklung sei die Herausforderung unserer Zeit. Wie kann man einen kritischen Standpunkt vertreten gegenüber jenen Initiativen, die gerade zum Ziel haben sich dieser Herausforderung zu stellen, indem sie die Probleme von Millionen Menschen die im Elend leben, zu lösen versuchen?
Ich schlage vor, im Zusammenhang mit dieser Frage zwei Aspekte getrennt zu betrachten: erstens die Funktion und die Entstehungsbedingungen einer Rhetorik der Entwicklung, zweitens die Begründung der Kritik, die sich an die Macher der modernen Welt richtet, deren Berufung die Lösung der Probleme der «andern» zu sein scheint.
Der Ausdruck «die Entwicklung, *die* Herausforderung unserer Zeit» ist eben gerade eine von hunderten von Redewendungen, aus denen sich das, was ich die *Rhetorik der Entwicklung* nenne, zusammensetzt. Von ihrem Ursprung her ist die Rhetorik die Kunst, das Publikum mit Redegewandtheit von der Richtigkeit einer Sache zu überzeugen, oft zum Preis einer Verdrehung oder Verschleierung der Wahrheit. Ein Redekünstler (Rhetor), sagt der «Petit Robert», ist ein «Redner oder Schriftsteller, der die Wahrheit oder die Aufrichtigkeit der Redekunst opfert». Die rhetorische Sprache ist demnach per definitionem pragmatisch; sie richtet sich auf ein ganz bestimumtes Ziel aus: sie will eine Idee «durchbringen», einen Konsens herstellen. Diese Art der «Information» (den Ideen «eine Form verleihen») hat viel gemeinsam mit der Information in der Werbung, daher ihr Erfolg beim Publikum. Nur, dass man in unserem Fall weder einen Namen noch eine Marke verkauft (obwohl man in gewissen Fällen schon mit Hilfe von Slogans das «Markenzeichen» z. B. einer Nicht-Regierungs-Organisation

bekannt machen kann), sondern *ethisch gefärbte Vorstellungsfragmente,* «Bruchstücke» von Weltanschauungen sozusagen, die man sich zu eigen macht durch eine Art Beitrittserklärung, die sich auf eines der mythischen Themen unserer «Zivilisation» abstützt, zum Beispiel: «Wenn nur ein einziger Mensch weniger leidet, ist die Welt schon besser». Was da auf einem Plakat steht, will nicht informieren im Sinne der Wissensvermittlung, sondern hat die Funktion, einem in der Gesellschaft allgemein verbreiteten moralischen Prinzip Form zu geben, einem Prinzip, das auf den eschatologischen[4] Mythos des christlichen Westens verweist: das Gute kann das Böse überwinden; eine bessere Welt ist nur möglich, wenn die Solidarität — das Gute — über den Egoismus — das Böse — triumphiert.[5]

Wenn die Vertreter der Macht (Institutionen, Massenmedien, bekannte Persönlichkeiten des öffentlichen Lebens, internationale Organisationen usw.) systematisch diese Rhetorik verwenden, wollen sie in erster Linie bewirken, dass breite Kreise ihre Aussagen für «wahr» halten. Sie setzen eine sprachliche Strategie ein, die zwei miteinander verknüpfte Ergebnisse erzielt: sie macht es möglich, die gesellschaftliche Wahrnehmung der Probleme im Griff zu haben und die Wirklichkeit, die ihre Botschaft «übersetzen» soll, teilweise oder vollständig zu verbergen. Die erste Wirkung entspricht im allgemeinen einer bewusst gefassten, wenn auch selten expliziten Zielsetzung, während die zweite nie absichtlich angestrebt wird. Wenn Sie sagen: «Man sagt, dass…», machen Sie klar, dass die Botschaft angekommen ist, weil «man» ja Synonym ist für «alle» (zumindest für all diejenigen, die sich von der Angelegenheit betroffen fühlen) und dass die Botschaft, sobald sie von einer «Autorität» ausgeht, auf magische Weise als *die* Wahrheit angenommen wird.[6]

Sie sind also nicht einverstanden mit der Behauptung, die Entwicklung sei eine «Herausforderung»…?
Ich meine, dass wir diese Aussage, bevor wir über ihren «Wahrheits»gehalt diskutieren, untersuchen müssen, indem wir Abstand nehmen von den Umständen, die ihr die gewünschte gesellschaftliche Wirksamkeit verleihen, damit sie nicht nur Gehör findet, sondern auch allgemein akzeptiert wird. Mit den «Umständen» meine ich: die Orte, die handelnden Personen, der Zeitpunkt, zu dem die Botschaft verbreitet oder wieder aufgenommen wird, die «zeremo-

niellen Hilfsmittel», die ideologischen Bedingungen usw.[7]. Wir werden in diesem Fall feststellen, dass die «Wahrheit», die diese Botschaft verkündet, zumindest unklar ist. Es ist interessant, festzustellen, dass alle Forscher, die sich der *Erkenntnis* des Gesellschaftlichen in seiner ganzen Komplexität gewidmet haben — ich meine damit die Anthropologen und Soziologen, die sogenannte «Grundlagenforschung» betreiben — den Begriff der Entwicklung nicht verwenden, weil er für sie kein «operationales» Erkenntnisinstrument darstellt. In einem Kapitel seiner *Angewandten Anthropologie* zeigt Roger Bastide sogar auf, dass die «Entwicklungssoziologie» mangels eines klar definierten Status einmal mit der Soziologie der Veränderung, ein andermal mit der Soziologie der Abhängigkeit oder mit der angewandten Anthropologie gleichgesetzt wird. Tatsache ist aber, dass dieser Begriff *unbestritten* von zahlreichen Autoren und Praktikern verwendet wird, und zwar ausschliesslich im teleologischen Sinn, d.h., ohne dass sie seine Prämissen und seine Stichhaltigkeit hinterfragen: die «Entwicklung» ist ein erstrebenswertes Ziel, auch wenn man nicht weiss, worum es eigentlich geht... Die inhaltliche Unbestimmtheit des Begriffs «Entwicklung» bringt logischerweise die Unbestimmtheit der Körperschaft, der Situation oder des Subjektes mit sich, gegen die sich die «Herausforderung» richtet[8]. Je nach der politisch-ideologischen Position, die man vetritt, richtet sich die «Herausforderung» gegen die «Naturkatastrophen», gegen die «Traditionen» oder gegen «rückständige Mentalitäten», gegen die mangelnde Effizienz der Entwicklungsorganisationen oder gegen den «Egoismus» der Wohlhabenden, gegen die Multinationalen usw. Wir haben es mit dem *Utopiesyndrom* zu tun, wie die Forscher von Palo Alto es nennen. Dieses Syndrom weist folgende Merkmale auf: es setzt eine bewusste Missachtung all dessen voraus, was uns die Vergangenheit lehren könnte; es beruht auf Prämissen, die als wirklicher betrachtet werden als die Realität (die Herausforderung ist die Prämisse, die «Entwicklung» die «Realität»); es macht es unmöglich, die angestrebte «Lösung» (sich der Herausforderung stellen) als *das Problem* zu sehen[9]. Das ist also das, was die Behauptung, «die Entwicklung ist die Herausforderung unserer Zeit» eigentlich bedeutet. Es ist eine Ausssage, deren Gültigkeit absolut nicht überprüfbar ist, und deren Wirksamkeit — wie die aller Dogmen — gerade auf ihrer Unüberprüfbarkeit beruht. Schliesslich führt die Tatsache, dass man die beiden Begriffe, aus denen sich die Aussage zusammensetzt, mit einer Vielfalt verschiedener Inhalte füllen kann, dazu, dass «alle dazu ja sagen können», vorausgesetzt allerdings, sie teilen einerseits dieselbe, einem bestimmten Weltbild zugrundeliegende Ideologie, und verbieten sich andererseits alle Fragen hinsichtlich der tatsächlichen Funktion dieser Behauptung, Fragen, die wir uns hier zu stellen erlauben.

Ich verstehe, dass man, wie Sie sagen, die Theorie hinterfragen kann. Aber weshalb sollte man die Praxis kritisieren?
Nehmen wir doch mal den zweiten Teil ihrer ersten Frage unter die Lupe (weshalb die kritische Haltung gegenüber den Initiativen, die das Ziel verfolgen, sich «der Herausforderung der Entwicklung zu stellen»). Sehr oft lässt sich die Praxis der Entwicklungshilfe oder - zusammenarbeit von derselben Logik leiten wie die Theorie: sie verdankt ihre Daseinsberechtigung meist einem institutionellen «Autoritätsakt», in dem Sinne als Projekte und ihre Reproduzierung nur durch behördliche Apparate möglich gemacht werden, die, gerade weil sie Institutionen der Macht sind, die Wirksamkeit dieser Projekte in den Augen der Öffentlichkeit legitimieren. Anders ausgedrückt: «Wenn wir an etwas zweifeln, dann genügt es oft, dass eine «Autoritätsperson» es bestätigt, damit wir es *glauben*. («Ja, wenn Sie es sagen!») Wenn ein Wissenschaftler behauptet, dass die Materie aus Atomen besteht oder dass sich die Erde um die Sonne dreht, dann ist das doch eigentlich seltsam, aber alle glauben es, weil es die Wissenschaft sagt. Wenn wir uns genau überlegen, dann haben wir das, was wir «wissen», eigentlich sehr selten überprüft. "Wissen" ist oft der Glaube an das Wissen, das man andern zuschreibt.
Gewisse kritische Haltungen — um auf Ihre Frage zurückzukommen — setzen sich zum Ziel, den Widerspruch zwischen dieser eingebildeten Wirksamkeit und den konkreten Auswirkungen der Hilfsprogramme, die leider oft kläglich sind, aufzudecken. Wenn die Kritik die Aufmerksamkeit auf diesen Widerspruch lenkt, der im allgemeinen nicht wahrgenommen wird, dann spielt sie eine positive Rolle, weil sie die «Entwicklungspraktiker» dazu bringt, mehr und mehr an die Veränderungen zu denken, die ihre Projekte bewirken, indem sie die Besonderheiten des physischen, sozialen und ideologischen Umfeldes der Zielbevölkerung besser berücksichtigen. Gleichzeitig müsste diese Erfahrung sie dazu bringen, an den Grundsätzen, an den Werten und politischen Zielen zu zwei-

feln, die den «Strategien» der oben erwähnten Institutionen der Macht zugrundeliegen.

*Sie gehen aber doch mit mir einig, dass zahlreiche Arbeiten soge-
nannt kritischer Autoren einem wie ein Haufen von Spekulationen
vorkommen, die weder in den tatsächlichen Problemen verankert
sind noch irgendwelche Perspektiven aufzeigen...*
Diese Bemerkung ist richtig. Tatsächlich stellt man seit einiger Zeit eine Strömung des «Anti-Entwicklungs-Denkens» fest, die sehr radikale Positionen gegenüber jeglicher Art der Entwicklungshilfe oder -zusammenarbeit einnimmt. Gleichzeitig bemüht sich diese Strömung, um konsequent zu sein, darum, das «Modell» (kann man überhaupt von einem Modell sprechen?) der westlichen Industriegesellschaft infrage zu stellen. Ich denke dabei an eine ganze Serie von Arbeiten, denen das Verdienst zukommt, auf einer soliden theoretischen Basis gewisse Paradigmen[10] infrage zu stellen, die unser gesellschaftliches Weltbild beherrschen: z. B. den Nützlichkeitswahn, das «wilde» Wachstum, die wirtschaftliche Expansion usw. Dabei ist allerdings zuzugeben, dass das Resultat der Kritik, die darauf abzielt, die gesellschaftliche Realität zu beeinflussen, um eine radikale Umwandlung der Grundsätze zu *provozieren,* die unsere «Ordnung» leiten, eher enttäuschend ist.
Die Hauptschwäche der «radikalen Anti-Entwicklungs-Position» liegt meines Erachtens darin, dass ihre Botschaft bei den Menschen unserer Zeit *nicht ankommt,* insofern als sie die Grundlagen einer «Wahrheit» widerrufen will oder — was letztlich auf dasselbe hinausläuft — an den Grundfesten unseres ganzen mythischen Gebäudes rüttelt[11]. Eine Kritik, die unannehmbar ist — weil man eine Ansicht, die man gar nicht begreifen kann, auch nicht teilen kann — bleibt eine reine Denkübung, eine Art, mit oft grosser Gelehrsamkeit und Subtilität sich und andere — vor allem sich selbst — davon zu überzeugen, dass unser System abwegig und folglich jegliche Entwicklungshilfe absurd ist. Wohlverstanden: ich will hier nicht das Engagement, das eine als unsinnig eingeschätzte «Ordnung» infrage stellen will, kritisieren; worum es hier geht, sind die Massnahmen, die in fast gänzlicher Abwesenheit der Adressaten ergriffen werden, die ja grundsätzlich gegen einen grundlegenden Wandel — wäre es auch nur auf der Ebene der Gedanken —, was ihre Zugehörigkeit zu dieser «Ordnung» betrifft, nichts einzuwenden hätten. Da ja, wie bereits erwähnt, der Glaube oft ein sehr en-

ger Begleiter des Wissens ist, kann man die «Wahrheiten» (auch die wissenschaftlichen) nicht einfach mit Überzeugungskraft und Argumentationskunst verändern. Wenn man beispielsweise sagt: «Ich weiss, dass die Entwicklung notwendig ist», dann drückt man in Wirklichkeit eine Überzeugung aus, nicht ein Wissen. Und der Dialog wird praktisch unmöglich mit Gesprächspartnern, die in einer ganz anderen Weltanschauung, aufgrund ganz anderer Überzeugungen leben oder, anders ausgedrückt, sich an einen ganz andern Mythos halten.

Ist denn eine Haltung konstruktiver Kritik überhaupt möglich?
Einer der Gründer der Frankfurter Schule, Max Horkheimer[12], hat uns ein Meisterwerk in die Hände gegeben, das in vollendeter Weise die Grenzen jedes kritischen Ansatzes gegenüber der modernen Gesellschaft absteckt. Unter dem Titel «traditionelle und kritische Theorie» (1937) legt sein Buch den *Grundriss für eine solche Kritik an, ohne aber zu einem Schluss zu kommen, den man konstruktiv nennen könnte.*
Zusammenfassend könnte man sagen, dass die Kritik nach Horkheimer sich bemüht, uns die verborgene Seite einer «Realität» zu enthüllen, die vorgibt, die einzig mögliche Wirklichkeit zu sein und deren Macht auf der willkürlichen Gleichstellung der Evidenz mit der Wahrheit beruht[13]. Ich glaube, dass wir eine harte Arbeit vor uns haben auf der Grundlage der Erkenntnisse der Frankfurter Schule. Eine konstruktive Arbeit, die darin bestünde, sich mehr und mehr der Mythen bewusst zu werden, die hinter den üblichen Entwicklungsvorstellungen stehen (üblich = der normalen, geltenden Ordnung der Dinge entsprechend), die den «andern» nur das fatale Schicksal zugestehen, so wie «wir» zu werden. Konstruktiv ist diejenige Kritik, die über die Fähigkeit verfügt, «in Distanz» zu ihren eigenen, im Laufe der Geschichte aufgebauten Mythen zu denken, d.h., sie als Hindernisse zu sehen, die es zu überwinden gilt, um die Pluralität gesellschaftlicher Existenzformen, die «Pluralität der Welten»[14] anzuerkennen.
Natürlich spricht man schon seit langem von «kultureller Vielfalt». Es gibt heute viele, die vorgeben, diese Vielfalt anzuerkennen, zu respektieren. Aber vielleicht wurde die Bedeutung dieser Formulierung nicht richtig verstanden. Es geht nicht nur darum, die Vielfalt der «Sitten», der Gewohnheiten, der Lebens- und Arbeitsweise festzustellen, sondern vielmehr darum, zu erkennen, dass sich

das Weltbild der einen Gesellschaft grundlegend von dem einer andern unterscheidet. Es genügt nicht, zu sagen, dass das, was hierzulande als wahr gilt, anderswo falsch ist, weil die Feststellung von Irrtum und Wahrheit immer noch von demselben *Code* ausgeht. Man müsste eher sagen, dass das, was für uns sinnvoll ist (weil «einleuchtend», «vernünftig» usw.) anderswo *unsinnig* ist. Von diesem Augenblick an würde die Entwicklungspraxis zur «Wiederherstellungspraxis» und wäre vom Willen geleitet systematisch die Fallstricke zu beseitigen, die wir legen, wenn wir *unsere* Vorstellungen *unserer* Entwicklung über die Grenzen *unserer* Zivilisation hinaustragen. Ich sage «Wiederherstellungspraxis», um zu betonen, dass wir versuchen sollten, die anderen Gesellschaften zu sehen, ohne uns ein Vorurteil anzumassen über den Sinn, den sie ihrer gesellschaftlichen und historischen Existenz verleihen, um so ihre tieferen Kraftfelder zu erkennen, auch wenn sie z.T. unter der Tünche der Moderne verborgen sind. Das bedeutet nicht, «das Rad zurückzudrehen», sondern Vergangenheit und Gegenwart auf eine neue Weise zusammenzufügen, die den ursprünglichen Werten der jeweiligen Gesellschaft Rechnung trägt.

Der Wahn einer universellen Geschichte, deren Fortschritt darin besteht, geographischen Raum zu erschliessen durch Ausschluss oder Assimilation ganzer Bevölkerungsteile, würde die Projekte nicht mehr leiten, weil die Zielsetzung der Praxis einen anderen Sinn erhielte. Von nun an müsste man von Fall zu Fall die lokale Situation untersuchen, um die Riegel zu öffnen, die ganze Bevölkerungsgruppen in den Ghettos einschliessen, die wir von der Kolonialzeit bis heute geschaffen haben. Das Wort *Ghetto* (das im übertragenen Sinn Abtrennung bedeutet) steht in diesem Kontext für die Einordnung von Menschen in ein kulturelles Wertsystem, das ihnen fremd ist, weil es Ausdruck unseres mythologischen Universums ist. Die «Wiederherstellungsverfahren», für die ich hier eintrete, würden gewissen Formen des Rassismus die Stirn bieten, die sich hinter der «üblichen» Entwicklungsvorstellung verbergen[15].

Der Begriff des Mythos taucht oft auf in ihren Ausführungen. Man hat den Eindruck, das sei ein Schlüsselwort, auf das sich Ihre ganze Argumentation abstützt... Existiert dieser Mythos in Wirklichkeit? Oder ist das nur ein praktischer Ausdruck, um die Missgriffe der Entwicklung anzuprangern?
Es gibt tatsächlich einen grundsätzlichen anthropologischen An-

satz, wonach es in allen bekannten Gesellschaften Mythen gibt, sei es in den Gesellschaften der Antike (Griechen, Römer, Ägypter in der pharaonischen Epoche usw.) oder der Gegenwart, also in sogenannten «traditionellen» und «modernen» Gesellschaften. An beiden Enden eines breiten Spektrums verschiedenster Ausdrucksformen erkennt man den Mythos, sei es als Gründersage[16], sei es als Produkt der Geschichte[17]. Wie uns die Etymologie zeigt, heisst der Mythos in der alt-griechischen Sprache «Rede von den Anfängen» oder «öffentliche Rede». Jenseits verschiedener Definitionen und Interpretationen — es würde zu weit führen, sie hier alle aufzuzählen — haben all die vielfältigen Ausdrucksformen des Mythos eines gemeinsam: sie scheinen *wahr* zu sein. Die Gründergeschichten, die im allgemeinen die Form der Erzählung haben, verkünden die Wahrheit oder das Wahre Wort, auch wenn sie in Wirklichkeit die Frucht einer Art kollektiven Fabulierens sind, ein Produkt des Kollektivgedächtnisses. Denn indem sie die Kategorien bilden, in denen sich die Kulturen verwurzeln, indem sie grundsätzliche Regeln für die soziale Existenz aufstellen, indem sie den Grundstein legen für Sinnbildung und Kommunikation, kurz, indem sie den Bezugsrahmen für die Ordnung der Gesellschaft herstellen, liefern die Mythen den greifbaren Beweis ihrer tatsächlichen Wirksamkeit. Das gilt auch für die Funktionsweise *unserer* heutigen Mythen. Auch wenn ihre Wurzeln weit in die Anfänge der «Geschichte» zurückreichen, in antiken Mythen gründen, die in Form von Erzählungen überliefert wurden (biblische Erzählungen, Legenden, Sagen usw.), sind sie doch hauptsächlich das Produkt unserer jüngsten Geschichte, d.h., konstruiert, und die Komponenten dieser Erzählung sind — auch wenn das absurd erscheinen mag — vom Kollektivgedächtnis der Menschen der westlichen Welt *unbewusst gewählt* worden. Gewisse Religionssoziologen sprechen von einer «modernen, geschichteten Mythologie»: die ältesten mythischen Elemente, die Archetypen[18], sind nach dieser Theorie die Grundpfeiler eines ganzen Gebäudes schichtweise übereinander gelagerten Mythen. Dabei ermöglichen die biblischen und geschichtlichen Erzählungen — z.B, die griechischen Sagen — das Entstehen der jüngeren Mythen des Mittelalters, und diese wiederum bringen die Mythen der modernen Welt hervor[19].
Als Resultat eines langen Prozesses schöpferischer Vorstellungskraft ist das *industrielle Epos* (Fortschrittsmythos in Form der Erzählung) vielleicht die Erzählung, die die Funktion hat, vielerlei

Arten gesellschaftlichen Handelns in einen diskursiven Zusammenhang zu bringen (das franz. Wortspiel «in-former» zeigt auf, dass «informieren» von «etwas in eine Form bringen» kommt, was sich so im Deutschen nicht nachvollziehen lässt. Anmerkung der Übers.), auf der Grundlage zahlreicher ausgewählter Zeichen, die man auch *Mytheme* oder Elemente des Mythos nennen könnte, der sich, dem Lauf der Ereignisse entsprechend, immer wieder neu aufbaut[20].

Die Entstehungsgeschichte unserer gegenwärtigen Gesellschaft so, wie sie uns in der Schule erzählt wird — ist nicht eine Aneinanderreihung von Tatsachen, sondern vielmehr ein *Magma von Mythemen,* ein menschliches Abenteuer in den Farben der Legende, die «unsere tägliche Existenz»[21] erzählt, indem sie sich täglich als *die Wahrheit* ausgibt, zu der sich jeder zu bekennen hat.

Das Paradoxe an allen Mythen ist, dass sie *falsch* sind, d.h., nicht übereinstimmend mit der überprüfbaren Wirklichkeit, aber *wahr* in der gesellschaftlichen Vorstellung, d.h., im Kollektivgedächtnis. Die Wahrheit einer mythischen Erzählung misst sich am Grad ihrer gesellschaftlichen Wirksamkeit als mobilisierende Kraft trotz ihrer inneren Widersprüche, an ihrer Fähigkeit, «zu sein oder nicht zu sein», sich als unerkannte Wahrheit zu präsentieren, d.h., ohne Wissen derer zu existieren, die ihr das Existenzrecht gewähren[22]. Man könnte auch sagen, dass der Mythos gehandelt wird, bevor er gedacht wird. Deshalb scheint die systematische Zerstörung einer mythischen Erzählung ein absurdes Unterfangen zu sein, wenn sie nicht einhergeht mit dem Aufbau einer anderen Erzählung, wobei auch dies per definitionem absurd ist, weil der Mythos ja keinen bestimmten, nennbaren *Autor* hat. Eine Gesellschaft ohne *Wahrheit,* ohne Mythos, ist zum Verschwinden verdammt. Deshalb auch entwickeln sich die «Dinge des Lebens» gemäss der einmal etablierten Ordnung, auch wenn scharfsinnige Köpfe die Widersprüche, die der modernen Lebeweise innewohnen, durchschauen und sie mit logisch unanfechtbaren Argumenten aufdecken, weil die «Dinge des Lebens» der inneren Logik des Gespannes «Mythos-Wahrheit» folgen, das durch das Kollektivgedächtnis konstruiert wird. Es hat in der Geschichte wahrscheinlich nie einen richtigen «mythischen Bruch» gegeben, d.h., eine radikale und plötzliche Änderung des mythischen Apparates, sondern nur mehr oder weniger beschleunigte Umwandlungen, je nach der Energie, die die Mitglieder einer Gesellschaft dieser mysteriösen geistigen Tätigkeit widmen, die man Sinngebung[23] nennt. Es ist auch möglich, dass *das industrielle Epos gegenwärtig gerade einer tiefgreifenden Änderung unterliegt. Das Auftreten der «Dritten Welt» auf der Bühne der Weltpolitik ist ein Ereignis,* das sich zwar in die Geschichte einfügen lässt, aber gleichzeitig auch deren Szenerie und deren Handlungsablauf verändert, die Helden durch andere ersetzt, die Schauplätze der Auseinandersetzung verpflanzt (Mission, Operation, Herausforderung, Kampf, Ringe... in der Umgangssprache), früher nicht existierende «Zeremonielle» auf den Plan ruft (Konferenzen, Treffen, Seminarien, Galaveranstaltungen), neue Hierarchien und neue «Priesterkasten» schafft (Beamte und Experten) und die Verbreitung neuer Dogmen anregt (Charta der Vereinten Nationen für das Recht auf...)

Wenn die «Entwicklung» eines der Mytheme des industriellen Epos ist, erklärt das dann Ihrer Ansicht nach, weshalb die meisten Entwicklungsprojekte scheitern? Weil letztendlich das Problem, das es zu lösen gilt, das der Verträglichkeit unseres mythischen Universums mit dem der Zielbevölkerung ist?
Genau da liegt der Schlüssel zum Problem. Weil das, was wir «Entwicklung» nennen, wie Sie richtig sagen, ein Element *unseres* Mythos ist (ein Element, das zum ersten Mal in der Kolonialzeit aufgetaucht ist und sich dann in den sechziger Jahren im Kollektivgedächtnis verankert hat), bezeichnen wir sie als «zu realisierendes Projekt», auch wenn wir noch und noch feststellen, dass sie sich nicht verwirklichen lässt. Unsere «Pflicht» erfüllt sich mit dem Einsatz für das «Projekt» und nicht mit seinem Gelingen. Um auf das Paradox zurückzukommen, das ich vorhin erwähnt habe: es gibt die «Entwicklung», auch wenn es sie nicht gibt... Das ist nicht einfach ein Wortspiel, sondern die harte Realität, die zu erkennen für uns so schwierig, wenn nicht unmöglich ist, weil diese Einsicht die Grundlage *der* Wahrheit, die durch den Mythos verbreitet wird, negieren würde. Ausserdem sind mit dieser Infragestellung eines «Teilstückes des Mythos» (des Mythems «Entwicklung») zu viele Probleme persönlicher Natur verbunden. Wenn wir die tatsächliche Wirksamkeit von Aktionen, die sich rein durch den Umstand rechtfertigen, dass sie «Aktionen für...» sind, infragestellen, dann gelangen wir unweigerlich ausserhalb des Bereiches der gängigen Entwicklungsvorstellung. Und dann werden wir unglaubwürdig. Die «Glaubwürdigkeit», ein Modewort unserer Zeit, kann dem-

nach definiert werden als Konformität gegenüber dem Prinzip der «Effizienz», sowie wir sie im Laufe der Geschichte der modernen westlichen Gesellschaft definiert haben. Leider ist das, was für die einen, für «uns» «glaubwürdig» ist, nicht immer «glaubwürdig» für die «andern». Nur die akkulturierten Schichten in der sogenannten Dritten Welt, also die Leute, die sich unserem mythischen Universum mehr oder weniger zugehörig fühlen (politisch-administrative Eliten, Geschäftsleute usw.) können unsere Gesprächspartner werden, weil unsere Botschaft von ihnen «anerkannt» wird und umgekehrt[24].

Wenn wir beispielsweise behaupten, dass «die Länder der Dritten Welt die gleichen technologischen Fortschritte realisieren möchten wie wir oder, dass sie, wie wir, immer mehr Bedürfnisse befriedigen möchten», dann ist es die gängige Entwicklungsvorstellung, die uns so reden lässt; es ist aber eine falsche Vorstellung, weil sie die «Länder der Dritten Welt» willkürlich mit der Gesamtheit der Gesellschaften gleichsetzt, aus denen sich diese Länder zusammensetzen, anstatt ausdrücklich von den Sektoren zu sprechen, die den staatlichen Machtapparat beherrschen, wenn von diesen «Wünschen» die Rede ist. Wenn wir feststellen, dass bestimmte Entwicklungsprojekte gut für die einen (Regierungsvertreter) und schlecht für die andern (die eigentliche Zielbevölkerung) sind, dann bedeutet dies, dass sich nur erstere (man verzeihe mir die Verallgemeinerung) mit dem Projekt identifizieren können.

Aber manchmal verlangen auch die Bauern mehr Geld, mehr moderne Technik, mehr Projekte...
Das kann gar nicht anders sein. Wie kann man sich «Anerkennung» und Achtung verschaffen, ohne — und sei es auch nur der Form halber — die «Grammatik» des Gesprächspartners zu übernehmen? Um es einfacher auszudrücken und ein weiteres Modewort zu gebrauchen: Wie kann man die Probleme «identifizieren», ohne sich den Code des Partners anzueignen? Vergessen wir nicht, dass dieser Gesprächspartner personifiziert wird durch denjenigen, der über die wichtigen materiellen Mittel oder über die Kontrollinstrumente oder, in vielen Fällen, über beides zusammen verfügt. «Das Spiel mitspielen» stellt einen entscheidenden Faktor dar. Aber meistens handelt es sich um eine rein formelle Übernahme einer Sprache, denn das soziale Leben verläuft in Wirklichkeit nach wie vor nach andern «Grammatiken», nämlich nach jenen,

die in jeder Gesellschaft durch Mythen legitimiert werden, die ihrerseits mittels ritueller Praktiken laufend aktualisiert werden. Die Beharrlichkeit, mit der bestimmte Rituale aufrechterhalten werden — vor allem im afrikanischen Kontext (insbesondere Beerdigungsriten, die ungeachtet der durch die «Moderne» eingeführten Veränderungen weiter bestehen), ist nur erklärbar durch die Annahme von «Anti-Projekten». Damit sind Tendenzen gemeint, die unbewusst darauf abzielen, die Wirkungen jeglicher Änderung, die den Grundsätzen des jeweiligen mythischen Universums zuwiderlaufen, aufzuheben. So kann derselbe afrikanische Bauer — je nach Zeitpunkt und je nachdem, wie er seinen Gesprächpartner einschätzt — moderne Werkzeuge verlangen, um den Ertrag seiner Felder zu steigern und gleichzeitig an seinen Anbaumethoden festhalten, weil sie der Tradition entsprechen, d.h. dem Geist der Ahnen (der Mythos)[25]. Das Problem, beiden «Welten» Ehre erweisen zu müssen, wird so schlau gelöst: sowohl der Experte, der die Macht innehat, Projekte zur landwirtschaftlichen Modernisierung durchzubringen, kann zufriedengestellt werden als auch die Ahnen, die so weiterhin das Schicksal der Gemeinschaft leiten können. Man muss versuchen, zu verstehen, dass diese Änderungen im sprachlichen Ausdruck von den betreffenden Leuten nicht als Widerspruch aufgefasst werden. Erstens einmal, weil die Vorstellung des Widerspruchs auf der formalen Logik beruht, die nicht universell ist, vor allem aber, weil dieser neuen Ausdrucksform immer noch ein anderer Code zugrundeliegt. Auf jeden Fall ist das, was sich auf gesellschaftlicher Ebene ausdrückt, nicht unbedingt die Summe der individuellen Wünsche. Man denke nur daran, dass die grosse Mehrheit der Leute «gegen den Krieg» ist. Trotzdem wird auch in den demokratischsten Gebieten die Armee — und somit der Krieg — nicht abgeschafft… man hat es immer so gemacht!…

Sie sind also der Meinung, dass das Menschenbild, das die Entwicklungshelfer, die Experten oder die Projektverantwortlichen mitbringen, entscheidend ist für die Art der Kommunikation, die sich mit der Zielbevölkerung entwickelt und für den Erfolg eines Entwicklungsprogramme?
Erlauben Sie mir, Ihnen mit einer Erfahrung zu antworten, die ich anlässlich eines Evaluationsauftrages für ein Unterstützungsprojekt zugunsten von bäuerlichen Dorfgemeinschaften im Savannengebiet Westafrikas machen konnte. Im Gespräch mit einem alten

Bauern wollte ich abklären, ob die Einführung des Pfluges sinnvoll sei. Wie beurteilen dic Dorfältesten diese Technik, die europäische und afrikanische «Experten» für den Inbegriff des Fortschritts halten? Diese Abklärung schien mir entscheidend im Zusammenhang mit der Evaluation. Eigentlich habe ich stets an der Wirksamkeit dieser Anbaumethode in gewissen Steppengebieten gezweifelt; vor allem habe ich mich gefragt, inwieweit diese Neuerung nicht den Fortbestand der gegegenseitigen Hilfe bei der Landarbeit, die praktisch überall die Regel ist, aufs Spiel setzt. Der Alte brachte zuerst die Argumente, die ich als «konventionell» bezeichnen würde: höherer Ertrag, weniger mühsame Arbeit, Zeitgewinn beim Pflügen usw. In dieser ersten *Gesprächsphase* wurde mir bewusst, dass die Ideen, die mein Gesprächspartner ausdrückte, vom Bild diktiert wurden, das er sich vom Weissen gemacht hatte, von einem Bild, das bereits in der Kolonialzeit geprägt und später konsolidiert wurde. Nach diesem Bild war ich ein Vertreter der politischen Macht, demgegenüber man jegliche Intervention, die dem von dieser Macht vorgeschlagenen Entwicklungsmodell entsprach, hoch einschätzen musste. Unter dieser Voraussetzung war die ganze Unterhaltung nutzlos, weil die Kommunikation zwischen mir und meinem Gesprächspartner vollständig versagte. Im Lauf des Gespräches kamen wir auf andere Themen und unterhielten uns in einer *zweiten Phase viel freier* und nicht mehr nach dem Frage-Antwort-Schema. Ich war besser in der Lage, die Bedenken mitzuteilen, die mich dazu gebracht hatten, ihn aufzusuchen. Indem ich mich frei zu einer Vielzahl von Problemen im Zusammenhang mit dem Weiterbestehen und der Unabhängigkeit der Bauerngemeinschaften ausdrückte, konnte ich zeigen, dass ich *Partei ergriff* und nicht neutral war, dass ich ihre Bedenken teilte, dass ich ihm nicht Ratschläge erteilen, sondern erfahren wollte, was wirklich durch die Änderungen, die seit einigen Jahren in seiner Gesellschaft stattfanden, aufs Spiel gesetzt wurde. Von diesem Moment an änderte sich die Athmosphäre vollständig, es entwickelte sich eine Art «Komplizenschaft» zwischen uns. Ich spürte nicht mehr Misstrauen, wie am Anfang, der *Austausch wurde zum echten Dialog.* Die Probleme wurden sorgfältig abgewogen und erschienen immer nuancierter. Ich hatte mehrmals meiner tiefen Überzeugung Ausdruck verlieliehen, dass *die Bauern selbst die eigentlichen Experten seien* und nicht die Beamten der verschiedenen Entwicklungsorganisationen oder die Leiter oder Animatoren des Projekts. Wer weiss? Vielleicht schwand das stereotype Bild, das sich der Bauer vom Evalua-tor gemacht hatte, was eine authentischere Kommunikation er-leichterte.

In einer *dritten Phase kamen wir auf die Probleme, die mit dem Pflügen verbunden sind, zurück.* Aber diesmal leisteten wir *wirkli-che Forschungszusammenarbeit.* Zahlreiche Fragen kamen dabei zur Sprache; einmal technischer Natur: die Methode des Jätens, der Hirseanbau in Furchen statt in Häufchen; dann ökologische Probleme: die Erosion und die Verarmung des Bodens, die Zusam-menhänge zwischen dem Anbau mit dem Pflug und chemischer Düngung; ökonomische Fragen: Kosten, Kreditrückzahlungen, die Qualität der Geräte und die Presierhöhungen für Ersatzteile, die Fütterung der Ochsen...; soziale Fragen: die Probleme mit den Jugendlichen, die auf diese Weise «"faul"» und «"schlapp"» wür-den und nicht mehr im Verband der gegenseitigen Hilfe arbeiten wollten; das Risiko, dass die Formen der traditionellen landwirt-schaftlichen Zusammenarbeit verschwinden würden; und die Kon-sequenzen all dieser Änderungen, falls die «technischen Innovatio-nen» nicht den gewünschten Erfolg bringen...[26].

Diese Erfahrung veranschaulicht, so glaube ich, die meisten der hier diskutierten Themen: die Notwendigkeit der Kritik, damit man die Problemstellung besser angehen kann, die Komplexität der Entwicklungssituationen und ihre Unterschiedlichkeit, die Notwendigkeit, nicht Opfer von Gemeinplätzen zu werden, die den gängigen Entwicklungsgedanken kennzeichnen, die Konfron-tierung zweier unterschiedlicher mythischer Weltbilder...

Enthält der Dialog, den Sie als Beispiel gebracht haben, nicht einen impliziten Vorschlag? Einen Ausweg auf der Ebene der Einstellun-gen, der uns helfen könnte, die Entwicklungsproblematik neu anzu-gehen?

Schon die Kreuzzüge, die Ausrottung der Indianer Amerikas, der Sklavenhandel und die Kolonisation könnten uns lehren, dass — wie der alte Weise Bruno Bettelheim sagt — «die Probleme der an-dern immer auch und vor allem unsere eigenen Probleme sind».

Vielleicht bleibt uns nichts anderes zu tun als uns unserer Mythen bewusst zu werden, nicht, um uns ihrer zu entledigen, sondern, um sie aus der Distanz zu sehen.

Anmerkungen:

1. Vergl, M. Eliade, *Aspects du mythe,* Paris, Gallimard, 1963, S. 233ff. Initiatisch: was die Zuführung der Individuen zur Gruppe ermöglicht, indem ihnen die sozialen Regeln erklärt werden.

2. «Einmal erzählen diese populären Geschichten selbst das, was man positive oder negative *Bildungen* nennen könnte, d.h., die Erfolge oder Misserfolge, die die Wagnisse der Helden krönen; und diese Erfolge oder Misserfolge geben entweder gesellschaftlichen Instututionen ihre Legitimität (Funktion der Mythen) oder bieten positive oder negative Vorbilder (glückliche oder glücklose Helden) für die Integration in die etablierten Institutionen (Legenden, Märchen). Diese Erzählungen erlauben also einerseits, die in der Gesellschaft, in der sie erzählt werden, gültigen Fähigkeitskriterien festzulegen und anderseits, mit diesen die Leistungen zu bewerten, die in ihr vollbracht werden oder werden können.» J.-F. Lyotard, *La Condition postmoderne,* Paris, Ed. de Minuit, 1979, S. 38-39. (Das postmoderne Wissen, edition Passagen, 1986).

3. «Diese Rückkehr des Narrativen in das Nicht-Narrative — in der einen oder andern Form — darf nicht als ein für allemal überholt betrachtet werden. Ein grober Beweis: Was tun die Wissenschaftler, wenn sie nach irgendeiner «Entdeckung» am Fernsehen darüber sprechen oder in den Zeitungen interviewt werden? Sie erzählen das Epos eines Wissens, das doch gänzlich unepisch ist. Sie genügen so den Regeln des narrativen Spiels, dessen Druck nicht nur bei den Medienkonsumenten, sondern auch in ihrem Innersten beträchtlich bleibt». *Ebenda,* S. 49 (87).

4. Unter dem Wort «Eschatologie» versteht man das Studium der Bestimmung des Menschen und der Welt.

5. Die Werbung erzielt beim Verbraucher denselben Effekt. Für eine vertiefte Auseinandersetzung mit der Bedeutung der Sprache in der Werbung, vergl. G. Péninou, «le oui, le non et le caractère», *Communication,* Nr. 17, 1971, S. 67-81ff.

6. «Wenn es, wie Austin bemerkt, Aussagen gibt, deren Aufgabe es nicht nur ist, «einen Zustand zu beschreiben oder irgendeine Tatsache festzuhalten», sondern auch, «eine Aktion auszuführen», kommt dies daher, dass die Macht der Worte dem Umstand zuzuschreiben ist, dass sie von demjenigen, der sie ausspricht, nicht als persönliche Meinung ausgesprochen werden. Der autorisierte Sprecher kann nur deshalb mit Worten auf andere handelnde Personen und kraft deren Arbeit auf die Dinge selbst einwirken, weil sein Wort das durch die Gruppe, die ihm sein Mandat verliehen hat und deren *Sachverwalter* er ist, akkumulierte symbolische Kapital verdichtet». P. Bourdieu, *Ce que parler veut dire,* die Oekonomie des sprachlichen Austausches, Paris, Fayard, 1982, S, 107 u. 109.

7. «Aber das wichtigste ist vielleicht, dass das Gelingen dieser Operationen gesellschaftlicher Magie, die die *Handlungen der Autoritäten* oder — was auf dasselbe hinausläuft — die *autorisierten Handlungen* darstellen, von der Verknüpfung einer systematischen Vielfalt von Wechselwirkungen abhängt, aus denen sich die sozialen Rituale zusammensetzen.» P. Bourdieu, cf., S.109.

8. Jemanden herausfordern: «Auffordern, sich als Gegner mit jemandem zu messen».

9. Vergl. die kritischen Arbeiten im Magazin *Tiers Monde,* «Le développement en question», Nr. 100, 1984.

1O. Paradigma: theoretisches Modell, das spezifische und konsequente Traditionen wissenschaftlicher Forschung hervorbringt und einen plausiblen Erklärungsrahmen für die beobachteten Phänomene liefert. Siehe T.S. Kuhn, *Die Struktur wissenschaftlicher Revolutionen,* Frankfurt, 1973.

12. Eine allgemeine Einführung in die Themen der Franfurter Schule findet sich in P.V. Zima, *Textsoziologie,* Metzler, 198O.

13. Vergl. M. Horkheimer, *Traditionelle und kritische Theorie,* Frankfurt 1986.

14. *La pluralité des mondes,* Hefte der IUED, Nr. 1, 1975.

Sollen wir nach 1O Jahren an an den Anfang zurückkehren? Weshalb nicht?

15. Wir sollten nicht vergessen, dass der Begriff Rassismus etymologisch auf das lateinische Wort *ratio* (Vernunft, Ordnung der Dinge, Klassierung, Kategorie oder Art) zurückzuführen ist. In Mittellatein bedeutete es: Herkunft.

«Sobald der Rassismus zur Ideologie des auf die Seite schiebens, des Ausschlusses wird, reduziert er den Andern auf seine Existenz und versperrt ihm den Zugang zur geschichtlichen Produktion.» F. Affergan, «loin de l'histoire», *Traverses* 2/12, Sept. 1978.

16. «Der Mythos erzählt eine heilige Geschichte; er erzählt ein Ereignis, das in der ersten Zeit, in den fabelhaften Anfängen stattgefunden hat. Anders ausgedrückt: der Mythos erzählt, wie durch die Heldentaten übernatürlicher Wesen eine Wirklichkeit geschaffen wurde, sei es die umfassende Wirklichkeit — der Kosmos — oder nur ein Teil davon: eine Insel, eine Pflanzenart, menschliches Verhalten, eine Institution. Es ist eine „Schöpfungsgeschichte": man gibt wieder, wie etwas geschaffen wurde, wie etwas begonnen hat, zu existieren.» M. Eliade, a.a.O. S. 15.

17. «Mythen sind nichts anderes als dieses unaufhörliche, unermüdliche Ersuchen, diese hinterlistige und unbeugsame Forderung, dass sich alle Menschen in diesem zwar ewigen, aber doch zeitlich festgelegten Bild wiedererkennen sollen, das man eines Tages aus ihnen gemacht hat, als wäre es für alle Zeiten gültig.» R. Barthes, *Mythologies,* Paris, Seuil, Sammlung Points, 197O (1957), S.244, *(Mythen des Alltags,* edition suhrkaump, 1976, S. 147).

«...ob weit entfernt oder nicht — die Mythologie kann nur historisch begründet sein, weil der Mythos ein von der Geschichte erwähltes Wort ist: er könnte nicht aus der Natur der Dinge entstehen». *ebenda,* S. 194. (...)

«Das mythische Wort wird aus einem bereits bearbeiteten Material im Hinblick auf eine angemessene Kommunikation gebildet: weil alle mythischen Materialien, seien sie bildlich der vorgestellt, ein beachtliches Bewusstsein voraussetzen, nämlich, dass man über sie nachdenken kann, unabhängig von ihrem Material», *ebenda,* S.195 (...)

18. Archetyp: «ursprünglicher oder idealer Typ, Original, das als Modell dient». Siehe auch C.G. Jung, *Der Mensch entdeckt seine Seele,* Ed. du Mont-Blanc, 1950.

19. «Aber es gibt dennoch eine neue Tatsache, die zweifellos es gründlicher zu studieren gilt als die Mythologie selbst, nämlich den Umstand, dass die Mythen mehr und mehr manipuliert werden, dank der Macht, die in den modernen Gesellschaften die Informationsmächte erlangt haben, sei es dass private Kapitale unsere Träume gemäss den Produktivitätsbedürfnissen umbiegen, sei es, dass die Staaten sie selektionieren oder sie im Namen einer politischen Orthodoxie aufdrängen. Der Mensch wird wohl für immer eine Mythen-Fabrikationsmaschine bleiben, was nicht weiter schlimm ist, wenn der Mythos Ausdruck unseres Kampfes gegen die Unvollkommenheit und unseres Bedürfnisses nach Erfüllung ist. Die Gefahr besteht darin, dass diese Maschine von aussen ferngesteuert (franz. „téléguidé", (sic!)) wird.» R. Bastiele, *Le sacré et*

autres essais, Préface de H. Desroche, Paris, Payot, 1975, S. 94.

20. Vergl. C. Lévi-Strauss *Strukturelle Anthropologie,* Paris, Plon, 1958, S. 232-233, *(Strukturelle Anthropologie,* Frankfurt, 1967).

21. Die Macht des Mythos ist abhängig von diesem Prozess der Naturalisierung gesellschaftlicher Gegebenheiten. «Die Tatsachen sind da, also sind sie wahr». Man vergisst, dass gewisse Tatsachen da sind und dass ihre Erscheinungsweise nichts mit ihrer autonomen Essenz zu tun hat.

22. Siehe C.B. Clément, *Die Macht der Worte, Symbolik und Ideologik,* Paris, Ed. Mame, coll. Repères, 1973, S. 1O5-106.

23. Für eine Erklärung des Begriffs «Sinngebung» (production de sens), siehe E, Veron, «Semiosis de l'idéologie du pouvoir», *Communications,* Nr. 28, 1978, S. 7-20.

24. «Die interaktionellen Strategien (und damit der Einsatz der *Macht* in der Interaktionssituation) erscheinen so als *reziproke Kupplung* zwischen zwei verschiedenen Grammatiken der des Sprechers, der ein gegebenes Wort ausspricht und der des Gesprächspartners, der aus Dankbarkeit eine „Reprise" dieses Wortes vornimmt, um *daraus ein anderes herzustellen».* E. Veron, ebenda, S.10.

25. «Wir handeln so, weil bereits unsere Grossväter so gehandelt haben». Diese so häufige und auf Anhieb enttäuschende Antwort, ist intellektuell die raffinierteste, vor allem, wenn man, wie es hier der Fall ist, die Möglichkeit hat, sie als historisch falsch zu entlarven: die Grossväter handelten anders. Man erkennt also, dass eine derartige Antwort nicht die stupide Beachtung sturer Regeln ausdrückt, sondern das Bewusstsein, das die Gruppe von ihrer Wesensstruktur hat: die Antwort bedeutet, dass das betreffende Verhalten auf alle andern verweist, und dass das ganze System keine andere Rechtfertigung hat als seine Existenz, die man auf die Vergangenheit projiziert — und das kann durch kein Detaildementi abgeschwächt werden.» J. Pouillon, *Fetische ohne Fetischismus,* Paris, Maspéro, 1975, S. 159-16O.

26. Dieses Gespräch wurde unter dem Titel «Komunikation und Vertrauensbeziehung» veröffentlicht in *Entwicklung-Déve loppement,* Nr. 14, 1983, S. 16.

Die Voraussetzung – unentbehrlicher blinder Passagier des sprachlichen Ausdruckes

von Dominique Perrot*

Schauen wir uns irgendeinen Text zur «Entwicklung» an: Da werden Ideen vertreten, «Wirklichkeits»vorstellungen ausgedrückt und Argumentationen vorgebracht auf der Grundlage von Theorien und Werthaltungen. Stellen wir uns dazu einen Leser vor, der sich in dem, was der Text *ausdrückt,* wiederfindet oder eine entgegengesetzte Haltung vertritt oder, allgemeiner gesagt, sich anhand der im Text enthaltenen Elemente etwas vorstellt oder sich eine Meinung bildet.

Damit diese Beziehung zwischen Text und Leser überhaupt *möglich* ist, muss der Leser die Voraussetzungen[2] des Textes akzeptieren, das heisst, er muss sich das implizite Weltbild, die impliziten Rahmenbedingungen, die der Argumentation zugrundeliegen, zu eigen machen.

Wir sind uns als Leser selten der Tatsache bewusst, dass dieses implizite Weltbild dem vom Text verkörperten Austausch einen strikten Rahmen setzt. Wir begnügen uns meist damit, unsere Zustimmung oder Ablehnung gegenüber dem *explizit* ausgedrückten Inhalt festzustellen, ohne daran zu denken, dass wir das nur tun können, wenn wir die Voraussetzungen des Textes angenommen haben. Wenn wir sagen «Hans sieht heute traurig aus», ist der explizit ausgedrückte Inhalt der Aussage, der diskutierbar ist, die scheinbare, wirkliche oder fiktive Trauer des Subjektes. Die Existenz dieses Subjektes, der Person Hans, wird dagegen vorausgesetzt.

* Dozentin am Institut universitaire d'études du développement (IUED) in Genf

95

Diese Voraussetzung muss akzeptiert werden als feststehender, selbstverständlicher Faktor, damit die explizit ausgedrückte Botschaft überhaupt ankommen, Fragen aufwerfen, Diskussionen auslösen, Zustimmung oder Ablehnung, kurz, Kommunikation hervorrufen kann. Daher ist der Leser, der über den expliziten Inhalt irgendeines Textes diskutieren will, gezwungen — ohne sich dessen bewusst zu sein — sich innerhalb des Rahmens oder des Rasters auszudrücken, den die Voraussetzungen innerhalb des Textes festgesetzt haben. Beim oben genannten Beispiel («Hans sieht heute traurig aus») erscheint es — wie bei irgendeinem beliebigen Text — auf den ersten Blick absurd, die Voraussetzungen von sich zu weisen. Wir möchten uns im folgenden über diesen ersten Eindruck hinwegsetzen und versuchen, anhand bestimmter Texte zur «Entwicklung» den Schleier, der über dem von bestimmten Voraussetzungen beherrschten Bereich liegt, zu lüften. Dieses Vorgehen sollte uns ermöglichen, ein wenig aus den ausgefahrenen Geleisen herauszufinden, in die uns die passive und unbesehene Annahme der Voraussetzungen oder der Grundannahmen, die sich hinter dem Begriff «Entwicklung» verbergen, gezwängt hat.

Normalerweise klammert man ausgerechnet die Aspekte aus der Fragestellung aus, die in deren Mittelpunkt stehen sollten. «Wenn die Selbstverständlichkeit einer Idee es unmöglich macht, sie infrage zu stellen, dann verleiht ihr die Voraussetzung eines bestimmten Inhaltes eine Art Pseudo-Evidenz in dem Masse als sie es fertigbringt, eine sprachliche Ausdrucksform *(discours)* zu gestalten, in der der Inhalt nicht mehr infragegestellt werden kann.»[3]

Jegliche Selbstverständlichkeit sollte — auch wenn das paradox tönt — per definitionem verdächtig sein. Der misstrauische Blick, den wir auf die Voraussetzungen der «Entwicklung» werfen, versteht sich indes nicht als zweckfreie akademische Uebung, sondern als Reflexion, die sich nicht nur mit den alternativen Formen der «Entwicklung» befasst, sondern darüber hinaus auch den Blickwinkel öffnen will für mögliche Alternativen zur Entwicklung.

Wir setzen den Begriff «Entwicklung» in Anführungszeichen, wenn wir uns auf Abhandlungen oder Verlautbarungen respektive theoretische Ansätze (Orig. *discours,* Anm. der Übers.) beziehen, nicht aber auf die Ebene der Praktiken. Charakteristisch für die «Entwicklung» ist, dass sie als globales, ideales und universell gültiges Ziel, das bekannt und definiert ist, vorausgesetzt wird (siehe dazu weiter unten die Ausführungen zu den Voraussetzungen der

«Entwicklung»). Die «Entwicklung» ist demnach eine verbale *Form* in Anführungszeichen, die darauf hinweisen soll, dass in diesem Fall die Voraussetzungen als *Inhalt* fungieren. Die Anführungszeichen unterstreichen den *konstruierten* Charakter des Konzepts.

Auf der Ebene der Entwicklungspraktiken müsste man unterscheiden können zwischen Entwicklungszusammenarbeit, Entwicklungshilfe, humanitäre Hilfe, Wirtschaftsbeziehungen usw. Anhand dieser unterschiedlichen Praktiken können gewisse Voraussetzungen der «Entwicklung» nachgewiesen werden oder auch nicht. Denn an sich kann eine humanitäre Aktion durchaus positiv sein vom Standpunkt der Zielbevölkerung aus, und dies oder jenes Projekt der Zusammenarbeit kann vor Ort auf einem sozialen Projekt im Sinne der Selbstbestimmung aufbauen, das erfassbar und bekannt ist. Was wir auf den folgenden Seiten unter die Lupe nehmen wollen, sind nicht die Praktiken, die in diesem Sinn positiv sind, sondern die Rolle, die der Begriff «Entwicklung» in Abhandlungen und Verlautbarungen spielt als Deckmantel und als Vorwand. *Deckmantel,* weil er die kulturelle Vielfalt verschleiert, *Vorwand,* weil er dazu tendiert, jegliche Operation im Bereich der Entwicklungsarbeit zu rechtfertigen. Im übrigen haben die Verlautbarungen, die die Praxis reflektieren sollen, umgekehrt auch *einen Einfluss* auf diese Praxis in dem Masse als sie dazu beitragen, sie finanziell und politisch möglich zu machen.

Und schliesslich hat auch die Praxis ihre Voraussetzungen, deren Analyse jedoch nicht im Zentrum dieses Artikels steht.

Die Rahmenbedingungen des Dialogs

Wenn man die Voraussetzungen eines Textes kritisch hinterfragt, erschüttert man seine Grundfesten, durchbricht den minimalen Konsens, der die Rahmenbedingungen festsetzt, die den Austausch möglich machen. Wir sind zwar im allgemeinen bereit, über den Inhalt, über die explizit ausgedrückte Botschaft eines Textes zu diskutieren, aber nur selten geneigt, unsere Voraussetzungen infrage zu stellen. Das erklärt sich durch die Tatsache, dass der Rahmen einer Aussage (discours) für uns wichtiger ist als ihr Inhalt. Ohne diesen Rahmen verliert der Inhalt seine ganze Stichhaltigkeit, und es ist ausserordentlich schwierig, mit jemandem zu kommunizieren, dessen Voraussetzungen man nicht teilt, weil die tiefere Identität des Textes oder des gesprochenen Wortes gerade in den Voraussetzungen liegt und dort zum Tragen kommt. Wenn die Zurückweisung einer Voraussetzung vom Autor eines Textes oder von einem Redner als Aggression empfunden wird, sollte man doch nicht vergessen, dass der Leser oder der Zuhörer seinerseits sich der Tatsache nicht bewusst ist, dass der Autor oder der Redner von seiner Übereinstimmung mit den Voraussetzungen ausgeht.

«Genauso wie der Organisator eines potlatch[4] die Gäste dazu nötigt, den potlatch zu erwidern, verpflichtet der Fragende, sobald er die Voraussetzungen in seine Fragestellung einbezieht, den Befragten, den Voraussetzungen entsprechend zu antworten — d.h., wenn man den klassischen Vergleich zwischen Sprache und Austausch ernstnimmt, die Voraussetzungen zu erwidern.»[5] Die Analogie ist allerdings nicht wörtlich zu nehmen, da es nicht darum geht, *mehr* zurückzugeben (wie beim potlatch), sondern darum, die anfänglich eingesetzten Voraussetzungen zu erwidern, damit der Austausch nach den von ihnen festgesetzten Spielregeln weitergehen kann. Das folgende Beispiel, aus einem Dokument des UNDP (s. Anm. 7), veranschaulicht dies gut:

«Die jahrzehntelange Erfahrung der Entwicklungspolitik hat klar gezeigt, welche Grundstrategie und welche Taktik zum Erfolg führt.»

Wenn man den explizit ausgedrückten Inhalt infragestellt, also daran zweifelt, dass die Erfahrung der Entwicklungspolitik tatsächlich gezeigt habe, welche Strategie anzuwenden sei, kann dies zu einer heftigen Auseinandersetzung führen. Dennoch wird die Kommunikation zwischen Autor und Leser nicht abgebrochen, weil sich die unterschiedlichen Standpunkte doch noch gegenüberstellen lassen. Anders wenn man die Voraussetzungen des Textes infragestellt, die dessen Zusammenhang sichern und die Grenzen des Austausches zwischen Leser und Autor abstecken sollen. Der Satz des UNDP setzt voraus, dass es ein Phänomen «Entwicklung» gibt. Wenn man an der Existenz dieses Phänomens zweifelt und z.B. aufzeigt, dass das Konzept keine Wirklichkeit umschreibt, sondern das Resultat einer Wirklichkeits*konstruktion,* einer ideologisch-kulturellen Fälschung ist, heisst dies, dass man sich weigert, die Voraussetzungen, die uns der Text «überreicht» hat (im Sinne des potlatch), zu erwidern. Damit provoziert man einen Ausbruch aus dem Rahmen, der die Verlautbarung des UNDP möglich gemacht hat und die Beziehung zum Leser aufrechterhalten könnte.

Die vier grundlegenden Voraussetzungen des Entwicklungsbegriffs — die «Lebensversicherung» der Entwicklungsorganisationen.

Bis zu welchem Grad sind wir individuell und gesamtgesellschaftlich bereit, unsere am tiefsten verankerten Grundannahmen infrage zu stellen, und wie weit kann man gehen in der Erforschung der Grenzen des potentiellen Bewusstseins[6] einzelner Personen oder Gruppen, die in diesem Bereich aktiv sind?
Die folgenden drei Texte, die exemplarisch zur Veranschaulichung ausgesucht wurden, gehen alle, ungeachtet ihrer unterschiedlichen ideologischen Zugehörigkeit[7], von den folgenden grundlegenden Voraussetzungen hinsichtlich der «Entwicklung» aus:

Die «Entwicklung» gibt es
Die «Entwicklung» ist wünschenswert und positiv
Die «Entwicklung» ist bekannt und erkennbar

Nur, wer sich zu diesen Voraussetzungen bekennt, kann von «Entwicklung» sprechen und Entwicklungsarbeit leisten.
Anhand der Analyse dieser Texte wird man besser verstehen, dass die Ablehnung oder die Infragestellung dieser Voraussetzungen die Grenzen des potentiellen Bewusstseins einer grossen Anzahl von Entwicklungspraktikern übersteigt. Denn ein Verzicht auf diese Voraussetzungen würde zu einer umfassenden Neubeurteilung des Sinnes und des Nutzens des in den Verlautbarungen vorausgesetzten Prozesses der «Entwicklung» und der gegenwärtigen Praktiken führen. So liegt die Idee, dass die «Entwicklung» als globales Ziel nicht positiv sein könnte, wahrscheinlich ausserhalb der erwähnten Grenze des potentiellen Bewusstseins eines internationalen Funktionärs z.B. des UNDP.
Zudem bricht man aus dem Bereich der für den gegenwärtig geltenden «gesunden Menschenverstand» annehmbaren Aussagen aus, wenn man die Voraussetzungen «je mehr, desto besser» (Voraussetzung des Produktivisten), «was später kommt, ist besser als,

was früher war» (Voraussetzung des Evolutionnisten) oder «die Entwicklung ist eine weltweite Herausforderung» (Voraussetzung des Universalisten) infragestellt. Dabei ist es wichtig, darauf hinzuweisen, dass das Mass der Annehmbarkeit oder der Unannehmbarkeit anders, als man zu glauben geneigt ist, nicht in erster Linie durch den Erfolg oder den Misserfolg der Interventionen vor Ort, sondern durch das reelle Bewusstsein der Praktiker bestimmt wird (zur Definition des reellen Bewusstseins siehe Schluss der Anmerkungen 6).

Eigentlich müssten die zahlreichen Misserfolge[8] in der Entwicklungspolitik die Annehmbarkeit der radikalen Infragestellung des Konzepts der «Entwicklung» fördern, In Wirklichkeit ist dies aber nicht der Fall, weil die interne Logik und materielle Sachzwänge zum grossen Teil den Stand des reellen Bewusstseins der Akteure prägen. Anders ausgedrückt: die Entwicklungsinstitutionen reproduzieren sich unter anderem dank der tief verwurzelten Überzeugungen, dass es notwendig ist, der «Dritten Welt» zu helfen. Wir können hier nicht näher auf eine Analyse der Reproduktionsmechanismen der Entwicklungsorganisationen eingehen. Hier sei nur soviel bemerkt: damit eine Organisation «läuft», braucht sie einerseits finanziele Mittel und anderseits Projekte, um diese Mittel auszugeben. Um ihre Finanzen und ihre Projekte zu verwalten, muss sie über eine Administration und die dafür notwendige Infrastruktur verfügen. Wenn eine Organisation einmal aufgebaut ist, kann es vorkommen, dass sie ins Schleudern kommt und das Ziel, das sie sich gesetzt hat, aus den Augen verliert. Die ursprüngliche Zielsetzung gerät zugunsten einer andern, nämlich der der Reproduzierung der Organisation, ins Hintertreffen. Auch wenn die Mitarbeiter immer noch die «Entwicklung» fördern wollen und in diesem Sinn arbeiten, birgt die Organisation ihrem Wesen nach das Risiko in sich, von ihrem ursprünglichen Ziel abzuschweifen, nicht mehr Mittel zum Zweck zu sein, sondern sich in übertriebenem Mass um ihre eigene materielle Reproduktion zu kümmern. Dieses Abgleiten wird kaum wahrgenommen, weil sich die Organisation nach wie vor als einfaches Werkzeug im Dienste der andern ausgibt.

Um auf die Misserfolge zahlreicher Hilfsaktionen in der «Dritten Welt» zurückzukommen: es ist interessant, festzustellen, dass diese Misserfolge den Entwicklungsinstitutionen nicht abträglich sind, die im Unterschied zu andern Organisationstypen (kommerzielle Unternehmen zum Beispiel) nicht in einschneidender Weise sanktionniert werden für erwiesenermassen schlechte Ergebnisse. Im Gegenteil: der Misserfolg kann sogar ideologisch ausgeschlachtet werden insofern, als er — absurderweise — dafür herhalten muss, die Notwendigkeit zu untermauern, dass man die Mittel für die «Entwicklung» laufend erhöhen muss, wobei diese «Entwicklung» in eine unbegrenzte Zukunft hinausgeschoben wird. Auch die kritischen Einwände behelligen das Funktionieren der Institutionen kaum, weil diese dazu neigen, «Vorkehrungen zu treffen, um alle möglichen Verlautbarungen gewinnbringend zu nutzen»[9]. Anders lässt sich nicht erklären, um nur ein Beispiel zu nehmen, dass Ciba-Geigy, ein multinationaler Konzern, problemlos die Befriedigung der Grundbedürfnisse und die Hilfe an die ärmsten Länder in seine Verlautbarungen integrieren kann[10]. Auf praktischer Ebene können die kritischen Einwände zu einer Ausweitung des Spektrums der Programme, zu vermehrten Experimenten (Pilot-Projekte) und zu einer verbesserten Anpassung der Interventionen an die Bedürfnisse der Zielbevölkerung (z.B. integrierte ländliche Entwicklung) usw. führen. In diesem Fall zeugen die neuen Aktivitäten von der Stärke der Organisation, von der Effizienz, mit der sie «am Ball bleibt», von ihrer Beweglichkeit, und verstärken dadurch ihre Legitimation. Gleichzeitig ermöglichen sie ihr, sich nicht nur unabhängig von, sondern geradezu dank ihren Misserfolgen zu reproduzieren.

Die Legitimierung der Verlautbarungen zur Entwicklung

Worauf beruht die Legitimität der Verlautbarungen zur «Entwicklung»? Wenn wir versuchen wollen, auf diese Frage eine Antwort zu finden, müssen wir zwei Faktoren berücksichtigen: Was diese Verlautbarungen zunächst einmal zu rechtfertigen scheint, sind die Zustände, die wir zu Recht als Skandale bezeichnen: der Hunger, das Elend[11], die Krankheit einzelner oder ganzer Bevölkerungsteile. Konsequenterweise ist dann jeder Text automatisch legitim, der gegen diese «Geisseln der Menschheit» Stellung bezieht. Meistens wird eine solche Stellungnahme mit einem Vorschlag verknüpft, was man dagegen tun könnte oder sollte. Dabei gehen die Autoren (unbewusst) so vor, dass sie im Kopf des Lesers oder des Zuhörers den Skandal untrennbar mit dem Heilmittel dagegen verbinden. Das Heilmittel ist in jedem Fall dasselbe: die «Entwicklung». Die

Bezeichnung «Katholisches Komitee gegen den Hunger und für Entwicklung» veranschaulicht dies in exemplarischer Weise. Zweifelt man erst einmal am Nutzen der Entwicklungsarbeit im Kampf gegen den Hunger oder, in einem zweiten Schritt, am inhärent positiven Stellenwert der «Entwicklung» als globales Ziel, kommt dies einem Frevel gleich, weil man sich aufgrund der oben beschriebenen Mechanismen sagen lassen muss, wer gegen die «Entwicklung» sei, mache sich verantwortlich für das Fortdauern der Hungersnöte.

Es ist schwierig, sich über eine solche Anschuldigung hinwegzusetzen, und deshalb ist die Voraussetzung, die «Entwicklung» sei *per se* positiv, so selbstverständlich und hat solche Macht. Allein schon die Tatsache, dass man sich darüber kritische Gedanken macht, heisst, sich moralisch und politisch in die Nesseln zu setzen. Dieser Umstand garantiert unumstösslich die Legitimität der Verlautbarungen und brandmarkt jegliche Anwandlung, Fragen zu stellen, als unannehmbare Provokation.

Ein weiterer Legitimationsfaktor sind die «Aussagen», die man den sogenannten Begünstigten, den «Entwicklungsländern», den «Partnern», den am meisten benachteiligten Bevölkerungsschichten, den «Ärmsten unter den Armen» usw., *in den Mund legt*. Man suggeriert implizit, dass diese «Stimme der Armen» nicht nur die «Entwicklung» im allgemeinen (was heisst denn das?), sondern darüber hinaus genau das verlangt, was die jeweilige Organisation anzubieten hat.

Diese «Übereinstimmung» zwischen der Nachfrage der «Dritten Welt» und dem Angebot der Organisationen hat fast magische Wirkung. In Wirklichkeit wird die Gleichschaltung aller «Forderungen» der «Dritten Welt» unter Berufung auf die Befriedigung der Grundbedürfnisse erzielt. Die hier zitierten Texte aus dem Repertoire der Ciba-Geigy, des UNDP und einer charitativen religiösen Organisation[12] werden durch diese Referenz legitimiert: wenn die Entwicklungsarbeit, die sie leisten, die Befriedigung der Grundbedürfnisse zum Ziel hat, kann nichts mehr den Heiligenschein trüben, den sie sich auf diese Weise verpasst haben.[13] Die Selbstverständlichkeit der Voraussetzung, dass die Grundbedürfnisse eine natürliche Gegebenheit darstellen, wird unterstrichen durch die Tatsache, dass die drei zitierten Organisationen ungeachtet ihrer unterschiedlichen Standpunkte in der Entwicklungspolitik in diesem Punkt übereinstimmen — was beweist, dass diese Dimension in der Entwicklungsarbeit über die ideologischen Divergenzen hinweg gültig und daher umso legitimer ist.

Wir erheben nicht den Anspruch, den Inhalt der drei Texte genau zu analysieren, sondern wollen anhand der Zitate lediglich aufzeigen, dass sie sich auf dieselben zwei hier erwähnten Faktoren berufen, um ihre Handlungsweise zu legitimieren, und dass sie von denselben Voraussetzungen ausgehen. Damit wollen wir nicht behaupten, dass alle Texte zur «Entwicklung» dem gleichen Legitimationsschema folgen und von denselben Voraussetzungen ausgehen. Wir möchten nur einen Grundstein legen, um die These zu untermauern, wonach sich in den unterschiedlichen Verlautbarungen über die «Entwicklung» letztlich derselbe ideologische Kern herauskristallisieren lässt.

1. Legitimation: der Skandal des Elends[14]

CIBA-GEIGY:
«In fast allen Ländern der 3. Welt gibt es jedoch einen mehr oder weniger grossen Teil der Bevölkerung, der in grosser Armut lebt; insgesamt geht man heute davon aus, dass zwischen 800 Millionen und 1 Milliarde Menschen nicht einmal ihre existentiellen Grundbedürfnisse decken können. Diese Menschen stellen heute die grösste entwicklungspolitische Herausforderung dar. Sie in einen Entwicklungsprozess einzubeziehen, bereitet enorme Schwierigkeiten».

UNDP
«Die Besteigung des Everest wurde lange als ein grenzenlos schwieriges Unterfangen betrachtet, als Versuch, ein Ziel zu erreichen, das viele für unerreichbar hielten. Der Kampf, den wir heute gegen die Armut führen, erfüllt viele unter uns mit ähnlichen Gefühlen (...) Es ist unerlässlich, dass die UNDP über ihre Anstrengungen Rechenschaft ablegt, weil ihr die Verantwortung für die oft im wahrsten Sinne des Wortes «vitalen Interessen» von Hunderten von Millionen Menschen in der ganzen Welt obliegt...»

CCFD
«1960 befanden wir uns auf dem Gipfel des wirtschaftlichen Wachstums. Da traf die Nachricht, dass immer noch Millionen Menschen verhungern, das Gewissen der wohlhabenden Länder wie ein Schock. (...) 1978: Die Krise verschärft sich... Ein weiterer

Schock: 75% sind immer noch vom Wohlstand ausgeschlossen.(...)
Die dritte Entwicklungsdekade (1981 - 1990) sieht sich den düstersten Perspektiven, die je die Dritte Welt bedroht haben, gegenüber. Die Armut riskiert, bis zum Jahre 1990 zur «Ölpest» zu werden, wie die Weltbank festhält.»

2. Legitimation: die Grundbedürfnisse

CIBA-GEIGY:

«Dank unseren breiten Aktivitäten im Landwirtschafts-, Gesundheits- und Industriesektor, dank unserer internationalen Organisationsstruktur sowie aufgrund unserer Kenntnisse und Erfahrung sind wir in der Lage, zur Deckung der Grundbedürfnisse aller Bevölkerungskreise der Dritten Welt beizutragen.»

UNDP

«(...) man muss die Mittel, die die Entwicklungsländer haben, um ihre eigenen Trümpfe besser zu nutzen, verstärken, damit sie die Produktion und die Bereitstellung der wichtigsten Güter und Dienstleistungen erhöhen und sie für eine wachsende Anzahl Menschen erschwinglich machen können (...). Dazu braucht es Techniken entwicklungspolitischer Planung, die sich in erster Linie damit befassen, den ärmsten sozialen Gruppen zu helfen, ihre wirtschaftlichen und menschlichen Bedürfnisse zu decken.»

CCFD

«800 Millionen Männer, Frauen und Kinder (das sind sechzehnmal die Bevölkerung Frankreichs) leben in einem Zustand absoluter Armut. Ihre Lebensbedingungen sind gekennzeichnet durch Unterernährung, Analphabetismus, Krankheit, hohe Geburtenraten und eine Lebenserwartung, die so gering ist, dass sie der menschlichen Würde spottet.»

Zitat von Robert McNamara, Präsident der Weltbank.

3. Legitimation: Berücksichtigung der Meinung der Partner
(Staaten, Institutionen, Einzelpersonen)

CIBA-GEIGY:

«Wir arbeiten eng mit den jeweiligen staatlichen Institutionen zusammen und tragen somit dazu bei, gesetzte entwicklungspolitische Ziele in den einzelnen Sektoren zu erreichen. (...) passen wir unsere Expertise und unser Produkte- und Dienstleistungsangebot laufend den sich wandelnden Bedürfnissen der Dritten Welt an».

UNDP

Hier ist diese Legitimation nicht explizit im Text zu finden, aber implizit kommt sie dennoch zum Tragen, weil die Länder der Dritten Welt Mitglieder des UN-Programmes für Entwicklungshilfe sind.

CCFD

«Während dieses langen, gemeinsamen Weges mit den Partnern der Dritten Welt bilden sich Überzeugungen. (Es waren nie ein für allemal festgefahrene Ideen; es sind die Männer und Frauen der Dritten Welt, mit denen wir die Chance haben, zusammenzuarbeiten, die uns geholfen haben, eine Solidarität für heute zu formulieren und vor allem zu leben).»

Die Autorität der Entwicklungsinstitutionen

Was den Legitimationen Wert und Gültigkeit verleiht, sind die Voraussetzungen bezüglich der Entwicklung[15]. Voraussetzungen und Legitimationen *zusammen* verweisen auf ein normatives, ethisches Weltbild, auf eine Art moralischen Code, der das «Recht, zu entwickeln» begründet. Die Autorität einer Organisation beruht auf ihrer Selbstdarstellung als Organisation, die zu wirksamen Aktionen fähig ist, die den Zielen, die sie sich gesetzt hat, entsprechen und die mittels einer korrekten Verwaltung der Finanzen durchgeführt werden. Die Autorität ist im Bereich der Entwicklungspolitik im allgemeinen nicht proportional zur Grösse der Organisation. Da der Laie nur selten in der Lage ist, die Autorität, die er den Entwicklungsorganisationen zugesteht, empirisch zu begründen, ist er gezwungen, sich an ihre Verlautbarungen, an ihre audiovisuellen Dokumente, Informationsveranstaltungen oder Berichte zu halten. So kommt der Öffentlichkeitsarbeit eine doppelte Aufgabe zu: sie soll nicht nur den Nachweis erbringen für den legitimen Charakter der Aktivitäten der Organisation, sondern darüber hinaus «Autorität bekunden».

Um dies zu erreichen, müssen die Verlautbarungen *implizit einen Kausalbezug herstellen zwischen der Legitimität einer Aktion und der Autorität zu ihrer Durchführung.* So hat man von dem Moment an, wo man *sagt,* man kämpfe gegen den Hunger, auch die Autorität, diesen Kampf zu führen. Der unmerkliche Übergang von der

Legitimität zur Autorität ist nicht gerechtfertigt, aber wirksam. Er verleiht der Verlautbarung Wert auf dem Markt der «Entwicklungsdiskurse».

Sobald die Verlautbarung Legitimität und Autorität erlangt hat, ist sie nicht mehr «Wort im luftleeren Raum», sondern *Akt.* Es genügt von nun an (nicht vollständig, aber doch in einem Ausmass, das uns immer wieder in Erstaunen versetzt), dass die Organisation erklärt, «sie leiste Entwicklungsarbeit», um sich selbst als Organisation *vorzustellen,* die Aktionen durchführt, die tatsächlich geeignet sind, die Situation zu verbessern. Diese Selbstdarstellung wird durch tatsächliche Wirkungen bestätigt, weil das multinationale Unternehmen oder die NGO in ihren Verlautbarungen nicht nur gewisse Hinweise auf ihre Arbeit in der Dritten Welt geben, sondern auch handeln, indem sie sich selbst als «Entwicklungs»helfer einsetzen. Wir glauben, in diesem Zusammenhang von einem *performativen Diskurs* im weitesten Sinn[16] sprechen zu können insofern, als die Organisationen «indem sie dazu beitragen, eine mehr oder weniger beglaubigte Sicht der sozialen Welt durchzusetzen, auch dazu beitragen, die Wirklichkeit dieser sozialen Welt zu gestalten»[17]. Wenn Ciba-Geigy sagt, dass ihre kommerziellen Aktivitäten zur «Entwicklung» beitragen, dann trägt sie auch tatsächlich dazu bei, die Wirklichkeit einer Welt zu gestalten, in der ihre kommerziellen Aktivitäten auf der Repräsentationsebene zur Entwicklung «werden». Es kommt dann zu einer Art Umkehrung der Verhältnisse: *statt dass die Darstellung die Realität widerspiegelt, wird sie zur Elle, an der die Wirklichkeit gemessen wird.* Der folgende Auszug aus einem Text der Ciba-Geigy ist ein anschauliches Beispiel dafür: *«In den Entwicklungsländern verfolgen wir eine Lohn- und Sozialpolitik, die den Fortschritt fördert und den lokalen Gegebenheiten Rechnung trägt»*[18]. Dieser Text hat folgende Wirkung: Ob die Politik der Ciba-Geigy tatsächlich den Fortschritt fördert unter Berücksichtigung der lokalen Gegebenheiten oder nicht, allein die Tatsache, dass ihre Lohn- und Sozialpolitik so *dargestellt* wird, führt dazu, dass ihre Politik tendenziell als «fortschrittsfördernd» eingeschätzt wird[19]. Die Selbstdarstellung konstruiert eine «Wirklichkeit», die anstelle der Realität tritt, und begründet so die Identität der Organisation.

«Ich sage, ich leiste Entwicklungsarbeit, also entwickle ich, ich entwickle, also bin ich eine Entwicklungsorganisation. Und ausserdem sage ich die Wahrheit, weil ich es beweisen kann.» (Mit dem

Beweis sind die materiellen Zeichen der Entwicklung gemeint.)
Bleibt nur die kleine Frage: Und was beweist, dass mein Beweis
wahr ist? Damit diese Frage nicht gestellt wird, muss die Verlautbarung legitim und beglaubigt sein und der Leser daran glauben.
Die Faktoren Legitimität, Autorität und Glauben sind Bestandtei-
le des symbolischen Kräfteverhältnisses zwischen den Urhebern einer Verlautbarung zur «Entwicklung» und den Empfängern dieser
Verlautbarung.
Erstere haben die Legitimität und die Autorität inne, während den
zweiten der Glaube abverlangt wird. Implizit geht man davon aus,
dass die praktische Arbeit im Entwicklungsgebiet automatisch und
selbstverständlich zu einer gültigen Kenntnis der Lage einerseits
und zu einer adäquaten Praxis anderseits führt. Einfacher ausgedrückt behaupten die Organisationen in ihren Verlautbarungen:
Wir arbeiten vor Ort, *also* wissen wir, wir leisten praktische Auf-
bauarbeit, *also* tragen wir zur «Entwicklung» bei.
Natürlich wird niemand offen zu solch einer «Beweisführung» stehen. Und dennoch ist es in Wirklichkeit genau das, was man den
Leser-Spender glauben machen will. Wie ist es zu erklären, dass
diese unausgesprochene Voraussetzung ohne grosse Widerstände
akzeptiert wird (ausser, wenn gelegentlich finanzielle Probleme
auftauchen)? Einerseits durch die «Einschüchterung», die hier voll
zum Tragen kommt, wenn es darum geht, der Illusion, dass jegliche Praxis per se "Entwicklung" erzeugt, Geltung zu verschaffen:
es schickt sich nicht, angesichts der in der Dritten Welt herrschenden Zustände, zu viele Fragen an die Leute zu stellen, die dort arbeiten.
Anderseits erklärt sich die Bereitwilligkeit, mit der diese Grundannahmen akzeptiert werden, dadurch, dass die Organisationen von
der Distanz profitieren, sowohl im geographischen als auch im kulturellen Sinn, d.h., sie arbeiten in einem Tätigkeitsfeld, das vor
jeglicher Kritik, die sie sich nicht selber zu formulieren erlauben,
geschützt ist[20]. Schliesslich ist wenig von dem, was man erfährt, von
den Organisationen nicht filtriert worden. Tatsächlich ist der Zugang zu den Dossiers und zur Buchhaltung sowohl über die Projekte als auch über die Administration der Entwicklungsorganisationen kein leichtes Unterfangen. Ausserdem geben die Dossiers
nicht Aufschluss über alle zu berücksichtigenden Gegebenheiten
im Entwicklungsgebiet und stellen deshalb eher einen selektiven
Filter für die Lektüre dar, der der Entwicklungslogik folgt, die sich

im Projekt verkörpert. Der Laie hat also praktisch keine Möglichkeit, sich zu informieren, ohne sich an die jeweiligen Institutionen selbst zu wenden, die daran interessiert sind, nur eine bestimmte Art der Information zu verbreiten. Sicher kann er aufgrund dieser Informationen der einen oder andern Institution den Vorzug geben, aber er wird diese Wahl stets aufgrund der in der Öffentlichkeitsarbeit verbreiteten Grundsätze treffen, die die Undurchsichtigkeit der Praktiken vor Ort nicht antasten. Allerdings müssen die Organisationen dennoch «zeigen», *dass* etwas (nicht *was)* vor Ort passiert. Folglich reissen sie alle Zeichen der Veränderung an sich und präsentieren sie als «Entwicklungs»signale.

Da der Stil dieser Verlautbarungen meist prophetisch ist, wird die Tatsache, dass die Realisierung der Ziele, die darin angestrebt werden, auf unbegrenzte Zeit hinausgeschoben wird, akzeptiert. Da sich die «Entwicklung», die man sich zum Ziel gesetzt hat, offensichtlich nicht realisieren lässt, werden die Widerstände so dargestellt, dass sie die Existenz der Organisationen umso mehr rechtfertigen und ihnen Heldenglanz verleihen.

Tatsächlich wird der Misserfolg eines Projektes selten als solcher dargestellt, und erst recht nicht als Misserfolg, für den die Organisation verantwortlich ist. Statt von Misserfolg spricht man lieber von «Hindernissen, die sich der Entwicklung in den Weg stellen». In dieser Kategorie lässt sich nun alles unterbringen, was die «Entwicklung» an ihrer Verwirklichung hindert, und so die Verantwortung abschieben. Der Hintergrund der vielfältigen und unterschiedlichen Phänomene, die als «Hindernisse» bezeichnet werden können, verleiht dem Image der Organisation gleichzeitig Grösse (und damit mehr Legitimität) und Verletzlichkeit (damit mehr notwendige Unterstützung). Die Zwiespältigkeit dieses Images hilft ihr, ihre Reproduktion zu sichern.

Die Entwicklung als Ziel und als Prozess

Man wird wahrscheinlich gegenüber dem, was oben dargelegt wurde, einwenden, das seien vorschnelle Verallgemeinerungen, und man müsse unterscheiden zwischen verschiedenen Organisationen und deren Vorgehensweisen. So könnte man die Frage der Voraussetzung, die postuliert, es gebe die «Entwicklung», abklären. Wir sind uns da aber nicht so sicher, denn auch wenn der explizit ausgedrückte Inhalt der Verlautbarungen der Ciba-Geigy, des UNDP und des CCFD sich grundsätzlich voneinander unterscheiden, so sind doch die Grundannahmen hinsichtlich der «Entwicklung» als Phänomen identisch[21]. Wenn wir uns auf diesen Seiten hauptsächlich mit den Voraussetzungen oder Grundannahmen befassen, *heisst dies natürlich nicht, dass die Unterschiede in der Ideologie und der Handlungsweise dieser Organisationen für uns nicht interessant wären oder keine reellen Auswirkungen vor Ort hätten.* Aber die offensichtlichen Unterschiede verbergen eine unsichtbare Ähnlichkeit, die auf der viel grundsätzlicheren, radikaleren Ebene der Voraussetzungen zu suchen ist und ebenfalls praktische Konsequenzen hat. Zieht man diese durch unterschiedliche explizite Inhalte verschleierte Übereinstimmung ans Licht, relativiert man (vorübergehend) die *an sich reellen* Unterschiede zwischen den Organisationen, um zu zeigen, dass das, was ihnen gemeinsam ist — die Voraussetzungen — ein Problem darstellt, das grundlegend und schwerwiegend ist.

Die Gretchenfrage «was ist denn eigentlich die Entwicklung» wird kaum mehr gestellt oder dann in der Praxis insofern «gelöst», als man *alles als «Entwicklung» bezeichnet, das im Namen der «Entwicklung» unternommen wird.*

Andere Organisationen vertreten den dieser Verallgemeinerung diametral entgegengesetzten Standpunkt, dass die «Entwicklung» das sei, was «wir» (dies oder jenes Institut, diese oder jene Organisation oder Regierung) tun. Zwischen diesen beiden Extremen finden sich natürlich eine ganze Reihe von vermittelnden Positionen.

Wer sagt, man könne verschiedene Arten der Entwicklungsarbeit (paternalistische, alternative) unterscheiden, tut dasselbe wie jemand, der jemandem gegenüber, der diese Frucht nicht kennt, erklärt, es gebe verschiedene Sorten von Äpfeln. Das ist nicht nur ein Wortspiel. Es geht vielmehr darum, zu unterscheiden zwischen einer Formel (die «Entwicklung») und deren Ausdrucksformen, den Zeichen der Wirklichkeit, die man der «Entwicklung» *zuschreibt* oder als «Entwicklung» bezeichnet. Man tut so, als ob die Tatsache, dass es die «Entwicklung» als Formel, als Ideal gibt, genügte, um den Glauben an ihre unbestreitbar positive Eigenschaft zu begründen. Die Formel «Entwicklung» geht über das, was in ihrem Namen getan wird, hinaus, sie steht über dem Begriff des Misserfolges: ein Projekt, das scheitert, wird nach wie vor als «Entwicklungsprojekt» betrachtet; oft wird man versuchen, es zu «retten», weil der Misserfolg die unumstössliche Logik, wonach die «Entwicklung» als naturgegebenes Phänomen existiert, nicht anzutasten vermag.

Es stellt sich die Frage, wie es soweit kommen konnte. Wir meinen, dass die Antwort im doppeldeutigen Verständnis zu suchen ist, das wir von der «Entwicklung» haben: Wir verstehen sie zugleich als *Prozess,* der Mittel erfordert *und* als *Ziel,* als Zustand. D.h., einerseits bezeichnet der Begriff eine Art Idealzustand und anderseits das Vorgehen, das sukzessive den Weg frei machen soll für die fortschreitende Entwicklung (eben dasselbe Wort) auf diesen Idealzustand hin. Da niemand sagen kann, in welchem Moment (und in welcher Hinsicht) ein Land den höchstmöglichen Stand seiner Entwicklung *erreicht* hat und es zudem immer fragwürdiger wird, ob das «Aufholen» der Entwicklungsländer gegenüber den Industrieländern realistischerweise als erstrebenswertes Ziel ins Auge zu fassen ist, beherrscht der Prozessaspekt die Szene, während die Zielsetzung immer mehr in den Hintergrund rückt. Das praktische Vorgehen hat sich also durchgesetzt als die einzige Wirklichkeit, die zählt, weil es die einzige *sichtbare* Wirklichkeit ist. Anders ausgedrückt: der Prozess ist — weil als einziger sichtbar — gewissermassen an die Stelle des Ziels getreten.[22]

Tatsächlich drückt sich die «Entwicklung» als Prozess auf der Ebene der *Zeichen* aus, die als Beweis herhalten müssen, dass man auf dem Wege der und zur «Entwicklung» ist: Fabriken, Traktoren, Bagger, Schulen, Volksbanken, Schlachthöfe, Gesundheitszentren, Strassen usw., kurz, eine ökonomische Infrastruktur, Technologien, Gebäude und Fahrzeuge.

Diese sichtbaren Zeichen spielen die Rolle von Zeugen, die soviel Gewicht haben, dass man sie praktisch mit *der* «Entwicklung» verwechselt. Man sieht das Zeichen als das an, was es darstellt. Eben deshalb kommt es den Leuten, die praktische Entwicklungsarbeit leisten und «sie» (die «Entwicklung») tagtäglich vor Ort «sehen», unsinnig und abwegig vor, wenn jemand daran zweifelt, dass es die «Entwicklung» gibt. Tatsächlich stellt selten jemand die Frage nach einem der «Entwicklung» entsprechenden *gleichwertigen* Begriff für jedes Land der «Dritten Welt» und, innerhalb dieser Länder, für die verschiedenen betroffenen Gemeinschaften[23]. Meistens übernimmt man die Symbole *unserer* Entwicklung, um in irgendeiner Ecke der Welt «Entwicklung» nachzuweisen. Um diesen Sachverhalt zu ändern, genügt es nicht, bei Interventionen vor Ort nur die kulturelle Identität der Zielgruppen zu berücksichtigen, sondern man muss die sozio-kulturellen Dynamiken für fähig halten, Seinsvorstellungen und Lebensweisen hervorzubringen, die sich vom sozialen Projekt des Westens unterscheiden[24], aber im Hinblick auf die jeweils spezifischen Kriterien der Zielgruppen genauso wünschenswert sind. Vorläufig empfinden wir, je mehr sich die Situation verschärft (die Kluft zwischen arm und reich vergrössert sich laufend, die Öekosysteme geraten zunehmend aus dem Gleichgewicht) desto mehr das Bedürfnis, uns an das zu klammern, was sichtbar und «greifbar» ist. Das heisst nicht, dass die sozialen und ökologischen Zusammenhänge, die weniger ins Auge stechen, von den Projektverantwortlichen, den Organisationen und von den Entwicklungsfachleuten nicht gesehen würden. Aber sie werden allzu oft als Probleme aufgefasst, als Hindernisse, die es zu überwinden gilt. Die materiellen Zeichen, die die Arbeit vor Ort widerspiegeln, werden dazu verwendet, die potentiellen und die tatsächlichen Spender von der Wirksamkeit des Vorgehens der Organisation zu überzeugen. Da diese Zeichen zu unserem Code gehören, sehen wir in ihnen leicht «Entwicklung», was uns übrigens die «unumgängliche» Evolutionstheorie einsuggeriert. Es ist also eine tautologische Wahrnehmung.

Nachdem wir aufgehört haben, über die Zusammenhänge zwischen den sichtbaren Zeichen und dem, was sie darstellen sollen, zu reflektieren, haben wir ihnen eine eigene, autonome Existenz zugeschrieben und die Macht der Gleichwertigkeit. Denn, wenn alles Entwicklung (im Sinne Prozesses) ist, hat ein Gesundheitszentrum denselben Stellenwert wie eine Kooperative, die wiederum gleichwertig ist hinsichtlich der Entwicklung wie ein Alphabetisierungsprogramm usw... Dieses Phänomen der Austauschbarkeit zeigt sich deutlich im Funktionieren des «Marktes der Projekte» und im Verhalten der Organisationen auf diesem Markt. Die Gleichwertigkeit der Zeichen ermöglicht es den Organisationen einerseits, der Öffentlichkeit gegenüber eine beeindruckende Palette von Möglichkeiten zur Schau zu stellen, und anderseits, die Misserfolge herunterzuspielen: wenn ein Projekt scheitert, kann man immer noch ein anderes vorstellen. Ausserdem verschleiert die Betonung der sichtbaren Faktoren den Sinn des Misserfolges: die Strasse ist da — sogar wenn sie nicht unterhalten wird, *bedeutet* dies doch weniger, dass die «Entwicklung» gescheitert ist, als, dass die Leute unfähig sind, sich zu entwickeln.

Damit sollten die Zusammenhänge zwischen den Voraussetzungen der «Entwicklung» und der Entwicklungspraxis klar geworden sein: Einerseits verzichtet man darauf, das Wesen dieses Phänomens, das man «Entwicklung» nennt, zu definieren (unter dem Vorwand, dass sie etwas Selbstverständliches, gewissermassen eine natürliche Gegebenheit sei), anderseits verfielfacht man die materiellen Zeichen, die als Zeugen dieser «Entwicklung» aufgefasst werden. So werden die Kennzeichen der Evidenz und der Sichtbarkeit in die Verlautbarungen übertragen und haben dort die unbeabsichtigte Funktion, die Komplexität der Situationen und der Probleme zu verschleiern.

Auch wenn die Mittel manchmal unterschiedlich sind, weil sie der kulturellen Anpassung unterliegen, bleibt die Logik doch grundsätzlich dieselbe. In diesem Denkmodell kann die «Entwicklung» gar nichts anderes sein als ein universelles Projekt, denn, wenn sie als ideales Ziel unumgänglich ist, ist sie auch «für alle wünschenswert». Tatsächlich wird die «Entwicklung» denn auch heute mehr als universelles denn als westliches Projekt dargestellt. Diese Verlagerung des Sinnes trägt dazu bei, die Legitimität der «Entwicklung» zu untermauern, indem sie sie auf globaler Ebene für naturgegeben und unausweichlich erklärt. Auf der Grundlage des Credos in dieses für uns alle wünschenswerte Schicksal gibt man gerne zu, dass dieses Schicksal je nach Kultur verschiedene Prägungen annehmen kann, aber am Wichtigsten hält man fest: an den Voraussetzungen.

Anmerkungen:

1. Unter *discours* verstehen wir die Sprache und ihre Produktionsbedingungen (der Begriff wird in diesem Text je nach Kontext mit den bisher verwendeten Begriffen übersetzt).

2. Die Voraussetzung (in der Linguistik *presupposition* von lat. presupponere = zugrundelegen, annehmen, voraussetzen, Anm. d. Übers.) ist nur eine Form des sogenannten Impliziten. Ihre Besonderheit besteht darin, dass sie Teil des buchstäblich ausgedrückten Sinnes ist, während andere Formen des Impliziten im nicht-verbalen Kontext liegen. Das Implizite erlaubt, *eine gewisse Anzahl von Dingen zu «sagen», ohne die Verantwortung auf sich nehmen zu müssen, sie gesagt zu haben,* was bedeutet, dass man sowohl von der «Wirksamkeit der Sprache als auch von der Unschuld des Schweigens» profitiert. Auf den folgenden Seiten brauchen wir den Begriff «Voraussetzung» im umfassenden Sinn des Impliziten. Die Dekodierung der Voraussetzungen im Sinne O. Ducrots erfordert eine technische Analyse, die den Rahmen dieses Artikels sprengen würde. Wir verweisen den interessierten Leser auf O. Ducrots Werk *Dire et ne pas dire,* Principes de sémantique linguistique, Paris, Hermann, 1972; und auf *L'implicite,* Catherine Rerbrat-Orecchioni, Paris, Colin, 1986. Von den vier weiter hinten erwähnten Voraussetzungen ist nur die Voraussetzung «die Entwicklung existiert» eine Voraussetzung im eigentlichen Sinn, die andern sind streng genommen Implizite. Wir meinen aber, dass diese Implizite von einem so grossen Konsens auf theoretischer und praktischer Ebene der Entwicklungspolitik zeugen, dass das Unterfangen, sie zu hinterfragen, dieselben Probleme aufwirft, wie wenn es sich um Voraussetzungen im engen Sinne handelte.

3. O. Ducrot, a.a.O. S. 94

4. Aufwendige und ostentative Zeremonie, in der die Anführer einer Gruppe den Gästen Prestigegüter überreicht, sie evtl. sogar zerstört, um seine Macht zu zeigen. Damit fordert er den Gast heraus, ein gleichwertiges oder grösseres Geschenk zu machen.

5. O. Ducrot, a.a.O., S.93

6. Das *potentielle Bewusstsein* (von L. Goldmann erarbeitetes Konzept auf der Grundlage der Arbeiten G. Lukacs') wird definiert als «grösstmögliches Bewusstsein, das eine Gruppe über die Wirklichkeit erlangen kann». Es wandelt sich je nach Gruppe, ihren Interessen, gegebenem historischen Zeitpunkt usw. Das potentielle Bewusstsein kann sich ausweiten in der Folge eines besseren Zugangs zu verfügbaren Erkenntnissen, einer veränderten Wahrnehmung, einer geschichtlichen Entwicklung. Es drückt «die Möglichkeiten des Bewusstseins auf der Ebene des Denkens und des Handelns in einer gegebenen gesellschaftlichen Struktur» aus; es ist das Resultat eines «Höchstmasses an adäquater Erkenntnis der Wirklichkeit». Es stösst dort an seine Grenzen, wo die Erwerbung einer noch adäquateren Erkenntnis der Wirklichkeit die Existenz der Gruppe als solche oder das Fortdauern eines Prozesses infragestellen würde. In der hier behandelten Thematik gibt es keine homogene Gruppe im eigentlichen Sinn, sondern Leute, die als Privatpersonen in ihrer existentiellen oder beruflichen Situation von einem fortlaufenden Prozess betroffen sind, den man «Entwicklung» nennt. Jenseits einer bestimmten Schwelle ist das potentielle Bewusstsein dieser in unterschiedlicher Funktion in oder mit der Entwicklungsarbeit beschäftigten Personen nicht mehr imstande, neue Elemente hinsichtlich der Infragestellung der «Entwicklung» durch neue Erkenntnisse, innovative theoretische Analysen oder einfach durch ge-

wisse «Tatsachen» zu integrieren. Sie verweigern sich diesen Einsichten, weil diese ihr Denken und ihr Handeln auf existentieller oder beruflicher Ebene zu sehr bedrohen, als dass sie «über ihren eigenen Schatten» springen könnten. Goldmann unterscheidet zwischen *potentiellem* und *reellem* Bewusstsein, wobei das reelle Bewusstsein «das Ergebnis vielfältiger Hindernisse ist, denen die verschiedenen Faktoren der empirischen Wirklichkeit der Verwirklichung des potentiellen Bewusstseins in den Weg legen». Das reelle Bewusstsein ist also ein entstelltes, eingeschränktes Bewusstsein einer Gruppe, deren Situation sie am Zugang zu einer höheren Bewusstseinsstufe hindert.

Wie es Jean-Francois Lyotard ausdrückt: «Unzählbar sind die Wissenschaftler, deren „Spielzug" manchmal jahrzehntelang nicht beachtet oder unterdrückt wurde, weil er erreichte Positionen in zu brüsker Weise destabilisierte, und zwar nicht nur auf der Ebene der universitären und wissenschaftlichen Hierarchie, sondern ebenso auf der Ebene der Problematik». *(La condition postmoderne,* Paris: Minuit, 1979, S, 1O2). *(Das postmoderne Wissen,* edition Passagen, 1986). Siehe zu diesen zwei Konzepten auch den Artikel von L. Goldmann zur «Epistémologie de la sociologie» in *Logique et connaissance scientifique,* Hrsg. J, Piaget, Gallimard, 1967), S, 992-1O18, Vergl. auch *Soziologie des Romans* (sociologie du roman).

7. Programm der Vereinten Nationen für die Entwicklung (UNDP), Ciba-Geigy, Comité catholique contre la faim et pour le développement (CCFD). Bei der ersten Organisation handelt es sich um eine internationale Organisation, bei Ciba-Geigy um ein multinationales Unternehmen und beim CCFD um eine nicht-regierungsamtliche Organisation (NGO) christlicher Zu- gehörigkeit.

8. Der Begriff des Misserfolgs sollte relativiert werden. Ob und in welchem Sinn etwas ein Misserfolg ist, hängt vom Blickwinkel ab, von dem aus man etwas betrachtet: Misserfolg für wen und in welcher Hinsicht? Dasselbe gilt für den Erfolg oder das Gelingen. Wir verwenden hier den Begriff «Misserfolg» im relativ weiten Sinn der Misserfolge, die von den Organisationen zugegeben werden. Beispielsweise geben die meisten Organisationen, die in Guinea-Bissau arbeiten, zu, dass 80% ihrer Projekte gescheitert sind.

9. Yves Stourdzé, *Organisation et anti-organisation,* (Paris: Mame, 1973), S. 145.

1O. Mit Ausnahme natürlich von kritischen Einwänden, die die Voraussetzungen oder Grundannahmen der «Entwicklung» infragestellen.

11. Bemerkung: der Reichtum der Reichen wird selten als skandalös beurteilt...

12. Das Zitat der Ciba-Geiy wurde einem von der Stabsstelle für «Beziehungen zur 3. Welt», Abteilung für Öffentlichkeitsarbeit veröffentlichten Dokument mit dem Titel *Ciba-Geigy und die Dritte Welt — Politik, Fakten, Beispiele* vom November 1984 entnommen; das Zitat des UNO-Entwicklungsprogrammes aus der Einführung Bradford Morses zu einer Broschüre über die Aktivitäten der Organisation mit dem Titel *Ein langer und beschwerlicher Aufstieg,* UNDP 1982-1983; das Zitat des Katholischen Komitees gegen den Hunger und für die Entwicklung schliesslich stammt aus einem Text aus dem Dossier zur Öffentlichkeitsarbeit 1981, der die grossen Phasen des Aufbaus und der Entwicklung der Organisation von 196o — 1981 wiedergibt, unter dem Titel: *Solidarité, Rien ne changera dans le Tiers Monde si rien ne change chez nous.* Alle drei Dokumente wurden zusammengestellt, um der Öffentlichkeit die Organisationen und die Grundsätze, auf die sich ihre Arbeit stützt, vorzustellen. Allen Texten gemeinsam ist eine relative Autonomie gegenüber den an-

dern Texten der Öffentlichkeitsarbeit Ciba-Geigys, des UNDP und des CCFD. Unter diesen Umständen fühlen wir uns ermächtigt, sie aus dem globalen Kontext herauszulösen.

13. Zu einer kritischen Beurteilung des Begriffs der Grundbedürfnisse und der Strategien, die sich daraus herleiten, siehe *Il faut manger pour vivre…* Kontroversen zu den Grundbedürfnissen und der Entwicklung, Heft des IUED, Paris, PUF (Presse Universitaire de France), Genf, IUED.

14. Wir beabsichtigen hier nicht, ein Urteil über das Wesen dieser Legitimationen zu fällen, sondern wollen nur ihre Existenz und ihren Beitrag zur Wirksamkeit der Verlautbarungen zur Entwicklung festhalten.

15. Erinnern wir uns, dass das Implizite, zu dessen Kategorie die Voraussetzung gehört, durch all das gebildet wird, das im gesprochenen oder geschriebenen sprachlichen Ausdruck *«gesagt»* wird, *ohne, dass es ausgesprochen oder geschrie ben wird.* Die hier wiedergegebenen Textausschnitte brauchen nicht buchstäblich auszusagen, dass die «Entwicklung» existiert, dass sie wünschbar, bekannt, positiv und universell ist; dennoch sind all diese der «Entwicklung» zugeschriebenen Eigenschaften gegenwärtig und *für den inneren Zusamn hang der Verlautbarungen notwendig.* Sie sind alle dem Begriff «Entwicklung», so wie er heute verstanden wird, inhärent.

16. In der Linguistik bezeichnet man Äusserungen als performatif (im *engen* Sinn), die Ausdruck und Handlung zur Übereinstimmung bringen. Wenn jemand (mit der Autorität, die ihm sein Status verleiht und die sein Wort wirksam, d.h. anerkannt macht), sagt: «Ich eröffne die Sitzung», dann sagt er einen Satz und handelt gleichzeitig, indem er tatsächlich die Sitzung eröffnet. Im selben Sinne sind auch Ausdrücke wie «ich verspreche» oder «ich erkläre den Krieg» performative Aussagen.

17. Pierre Bourdieu: *Ce que parler veut dire,* Paris, Fayard, 1982, S. 100. Was Bourdieu über die Wissenschaft schreibt, ist auch anwendbar auf die Verlautbarungen zur Entwicklung, die ebenfalls einen Anspruch haben, zu informieren: «(…) sie (die Wissenschaft) wandelt die Darstellung der sozialen Welt um und gleichzeitig die soziale Welt selbst, mindestens insofern als sie die dieser umgewandelten Darstellung entsprechenden Handlungsweisen möglich macht», *ebenda,* S. 157.

18. Dazu ist beizufügen, dass die Achtung der «lokalen Bedingungen» hier die Ebene des Arbeitsrechtes und der Arbeitsgesetze der Drittweltländer betrifft. Unter diesen Umständen ist die Behauptung (im Text), die zwischen der «Respektierung der lokalen Gegebenheiten» (im juristischen Sinn) und dem «Fortschritt» ein Kausalbezug herstellt, höchst verdächtig. Schliesslich müsste man unserer Ansicht nach den lokalen Gegebenheiten *im umfassendsten Sinn,* nicht nur im juristischen oder ökonomischen, Rechnung tragen.

19. Unter diesen Umständen ist es sehr schwierig, zwischen den üblichen Geschäften des Unternehmens *und* ihren entwicklungspolitischen Aktivitäten zu unterscheiden. Es ist klar, dass sie in der Dritten Welt nicht auf dieselbe Weise vorgehen kann wie in den hochindustrialisierten Ländern, weil die sozialen, politischen und wirtschaftlichen Bedingungen ganz anders sind. Es ist logisch, dass es Unterschiede im Vorgehen gibt. *Gerade diese Unterschiede können leicht als Entwicklungshilfe «verkauft» werden in der Öffentlichkeit.*

20. Dasselbe gilt für die Handlungsweise und die Arbeit auf dem Gebiet der Ethnologie. Welcher anderen Beweisführung als der vom Fachgebiet selbst angewendeten sind denn die Informationen und die Theorien, die die Ethnologie über ein bestimmtes Gebiet verbreitet, unterworfen.

21. Noch einmal: vorausgesetzt wird: die Entwicklung existiert; die Entwick-

lung ist wünschbar; die Entwicklung ist universell; die Entwicklung ist bekannt/erkennbar.

22. Im Laufe der Entwicklung einer technokratischen Zivilisation bestimmen die Mittel immer mehr den Zweck. Da diese Mittel technologisch überlegen sind, können sie sich verwirklichen und so den Beweis ihrer Zweckmässigkeit liefern. Das Problem ist, dass sich diese Zweckmässigkeit in eindimensionaler Weise durchsetzt und andere, nicht ausschliesslich eindimensional zweckmässige Typen von Logiken ausschliesst.

23. Wie R. Pannikar schreibt: «Das Wort Entwicklung hat eine zu spezifische Bedeutung, als dass man es als Synonym für Vollkommenheit, Heil und Befreiung verwenden könnte. Es suggeriert ein ganzes Paket von Werten wie: eine ganz bestimmte Vorstellung von Fortschritt, einen linearen Zeitbegriff, einen Zusammenhang zwischen materiellen Gütern und menschlichem Wohlergehen, usw., alles Werte, die keine universelle Gültigkeit über die Grenzen der Kulturen hinaus haben. Sogar, wenn das Wort „Entwicklung" tatsächlich die Suche nach menschlicher Vollkommenheit in einer gegebenen Kultur ausdrückt, müsste man in andern Kulturen *homeomorphe gleichwertige Begriffe* für diesen Ausdruck finden.» «Die Emanzipation der Technologie», in *Interculture* (veröffentlicht vom interkulturellen Zentrum Monchanin in Montréal), Band XVII, Nr. 4, Heft 85, Oktober-Dezember 1984. Der Ausdruck «Homeomorphes Equivalent» ist unserer Ansicht nach missverständlich. Die Frage, die Pannikar tatsächlich aufwerfen will, ist: welches wäre das kulturspezifische Konzept, das für die jeweilige Kultur dieselbe für die Gesellschaft grundlegende Funktion hätte wie das Konzept der «Entwicklung» für den Westen.

24. D.h. radikal anders sind.

Die Entwicklung der Ordnung

von Véronique Bruyère-Rieder *

I
Die Geschichte einer Entwicklung

Die Geschichte des Zauberringes gibt nicht nur die verschiedenen Etappen *der* Entwicklung wieder, sondern auch die Entwicklung *unserer* (mythologisierten) Geschichte. Diese Erzählung bildet die Grundlage und den Ausgang einer Wahrnehmung der Wirklichkeit, die zum Teil die Entwicklung der Industriegesellschaften bestimmt und die Entstehung einer Ordnung des Denkens und des Handelns ermöglicht hat, die das Bewusstsein ihren Gesetzmässigkeiten unterwerfen und Zeit und Raum ordnen kann. Um ihre Strukturen und ihre Kosmologie zu erklären und zu rechtfertigen, stützt sich die traditionelle Gesellschaft auf eine Gründersage, auf einen Schöpfungsmythos, der verschiedene Figuren in Szene setzt, die in der Folge «institutionalisiert» werden können. Diese Figuren werden mit einer Reihe von Ereignissen konfrontiert, und ihre Handlungen werden einem ursprünglichen Szenario untergeordnet. Auf der Grundlage dieser Geschichte prägt sich ein bestimmtes Weltbild heraus, eine Vorstellung über die Organisation der Welt; zugleich entsteht eine besondere Werthierarchie, die sich in einem bestimmten gesellschaftlichen und linguistischen Code niederschlägt und dank der Errichtung von Institutionen, die sich auf die in der Gründersage ausgedrückten Mythen berufen, internalisiert wird. Obwohl sie sich zumindest theoretisch in konstantem Widerstreit mit dem Irrationellen und dem Göttlichen — im Sinne einer transzendenten Instanz — befindet, muss auch die Industriegesellschaft ihre Entwicklung und vor allem ihre «Aneignung der Zukunft»[1] legitimieren, und zwar mittels einer Mythologie, die Träge-

* Liz. phil I, Diplom des IUED, Genf

rin der aktuellen Kosmologie und der gegenwärtigen Ideologien des Westens ist. So dient die ökonomische Vernunft, der «Ökomythos»[2], als Garant für die Aufrechterhaltung der Ordnung in der Industriegesellschaft. Zudem gestaltet er unsere Vorstellung des Universums und der Gesellschaften, legitimiert unsere Institutionen, stärkt unsere Glaubenshaltungen und prägt nicht nur unsere Lebensweise, sondern auch unser Denken und ermöglicht so die Ordnung und die Strukturierung der Wirklichkeit gemäss der Botschaft, die die Gründergeschichte vermittelt. Aber das Wort ist ohne Konkretisierung vergänglich, Deshalb halten in der Geschichte handelnde Figuren ihren Einzug, denen auf der sozialen Ebene die Institutionen entsprechen, Sie sind es von nun an, die unsere Träume leiten und für das ursprüngliche «Szenario» bürgen, das, einmal aufgestellt, seine äussere Form unablässig verändert, um den Erfordernissen der «Instanzen», deren Herrschaft es ermöglicht hat, besser zu genügen.

In der Industriegesellschaft wurde die Gründersage durch eine Reihe von technokratischen Theorien ersetzt, die zwar ebenfalls durch die Internalisierung unserer Mythen legitimiert werden, aber dazu neigen, ihre Herkunft vollständig zu vertuschen und unsere Wahrnehmung der Wirklichkeit mit Trugbildern zu verzerren, die die Ausformung und Strukturierung der gegenwärtigen räumlichen, zeitlichen und gesellschaftlichen Ordnung erleichtern. So wird das «Wort des Anfangs»[3] nicht mehr durch die Weisen oder die Erzähler vermittelt, sondern weltweit durch die Medien verbreitet, ständig umgewandelt und den Erfordernissen der industriellen Ordnung angepasst. Die Informationsflut in allen Medien, die unser Bewusstsein blendet und abstumpft, ist nicht nur ein vorübergehendes geschichtliches Phänomen, sondern hat ihren Ursprung ebenfalls in den Mythen, die die Industrialisierung hervorgebracht haben. Der *Zauberring* stellt natürlich nur ein Fragment dieser Geschichte unserer Geschichte dar, skizziert nur die groben Umrisse. Aber die Erzählung ist bezeichnend, weil sie die Entwicklung der westlichen Denkweise und die Geschichte der «Entwicklung» nebeneinanderstellt. Ausserdem leitet sie — indem sie den Mythos sichtbar macht, eine Entmystifizierung ein im Sinne einer Entlarvung der mythischen Macht.

Ordnung, Gleichheit, Wohlstand: drei Schlüsselbegriffe, die zum Teil die Kosmologie des Westens gestalten und seine Wahrnehmung der Wirklichkeit prägen, sowohl im räumlichen, zeitlichen als auch im gesellschaftlichen Bereich. Begriffe, Mytheme, Institutionen... das Vokabular verheddert sich, die Bedeutungen verblassen unter der Masse der Substantive, die Inhalte werden durch die Flut der Formen verschlungen; und nur wissenschaftliche Strenge und Genauigkeit würde es ermöglichen, ihren Inhalt zu klären, allerdings auf Kosten der Vielschichtigkeit des Kontextes, während das mythologische Märchen dank der Einfachheit seiner Form und des Reichtums seiner Symbole die gesellschaftliche Vielschichtigkeit auf «Schauspieler», auf deren «Entscheidungen» und auf die «Operationen», die sich daraus ergeben, reduziert — so tönt es, wenn wir die ökonomische Sprache übernehmen, die der industriellen Ordnung zugrundeliegt — anderseits der Interpretation auch einen Freiraum lässt, damit die Übereinstimmung mit der Wirklichkeit und den gesellschaftlichen Tatsachen nicht vernachlässigt wird. Genauso wie die Terminologien wuchern, bringen die Entwicklungsstudien eine ganze Menge möglicher Ansätze hervor; einer dieser Ansätze zielt darauf ab, die Theorien, die den unterschiedlichen Entwicklungsvorstellungen zugrundeliegen, von ihrer linguistischen Tünche zu befreien, um aufzudecken, worauf sie letztlich, jenseits der traditionellen Argumentation, hinaus wollen. Wir haben nicht vor, so etwas zu tun — aber weshalb sollten wir nicht versuchen, wenigstens andeutungsweise die linguistische und mythische Aura, die die «Entwicklung» umgibt, zu durchbrechen, indem wir uns gerade eben die Einfachheit der Erzählform zunutze machen?

Von den drei Protagonisten, die infrage kommen, die Macht aufrecht zu erhalten und die wirtschaftliche Herrschaft des Reiches zu sichern, die durch die Königstochter repräsentiert wird, ist Epistem der Katalysator des Szenarios; ohne seine Intervention hätte unsere Erzählung an dieser Stelle bereits wieder aufgehört oder doch zumindest eine andere Wendung genommen, und ihre «Entwicklung» hätte nicht zuende geführt werden können. Auch wenn der Beizug von Figuren der Ordnung, der Gleichheit und des Wohlstandes tatsächlich darauf abzielt, die herrschende Macht zu konsolidieren, gilt dennoch, dass diese Macht inexistent wäre ohne den Glauben der Leute an eine bestimmte Ordnung, die für die Macht bürgt. Ausserdem sieht sich Epistem gezwungen, um allen seine Daseinsberechtigung und die Nützlichkeit seiner Dienste zu demonstrieren, einen Bereich zu finden, in dem er seine Konzepte anwenden und so seine Effizienz beweisen kann. Obschon die Prüfung, der er unterworfen wird, ihm zunächst «gegenstandslos» erscheint, hat er schnell einmal die scheinbare Anarchie des landwirtschaftlichen Anbaus entdeckt. Den Traditionen der Ahnen stellt er die Argumente der Ordnung und der Disziplin entgegen, die im übrigen im Sultanat sinnlos sind. Er teilt den Raum auf in klar umrissene Parzellen — mit einem magischen Tuch, das die Unterschiede aufhebt und die Standeszugehörigkeit auslöscht. Sogar das «Farbenspiel» ist jetzt ein anderes und befriedigt *sein* Harmonieempfinden. Diese magischen Veränderungen erreicht er unter Zuhilfenahme von Technologien, die ihm die Wissenschaft zur Verfügung gestellt hat und ohne die er sein Vorhaben nicht hätte ausführen können. Die Befriedigung, die er über die Erfüllung seiner Aufgabe empfindet, ist so gross, dass er sogar den Sultan, der anfänglich wenig begeistert ist, davon überzeugen kann, wie sinnvoll und durchdacht sein Unterfangen ist. Dessen letztliches Ziel ist allerdings nicht das Glück des Sultanats, sondern der Nachweis der persönlichen Talente Epistems ausserhalb seines gewohnten *Bezugsrahmens*. Dieser scheinbare Erfolg ist ausschliesslich persönlich, und entspringt vom Standpunkt der von diesen Massnahmen betroffenen Bewohner aus gesehen keiner rationellen oder utilitaristischen Motivation. Dahinter steckt die Übertragung der westlichen Ordnungsvorstellung, die zum Zerfall der sozialen Strukturen und zur Zerstörung des natürlichen Gleichgewichts des «Versuchsgeländes» führt und so eine ganze Reihe von Konflikten und Zerwürfnissen erzeugt, weil — aus dem Blickwinkel der «Zielbevölkerung» — die Unordnung überhandnimmt. Die festgefügte Stellung, die jedermann innehatte, verliert ihren Sinn, und die dem traditionellen System eigenen Netze der Solidarität versagen auf grausame Weise, was das Eingreifen Isonoms rechtfertigt. Die illusorische Gleichheit, die er einführen will, verstärkt nur den Substanzverlust des sozialen Bezugsnetzes und die Zurschaustellung der Reichtümer einiger weniger, da die Individuen von nun an nur noch das «Materielle» haben, um sich zu bestätigen. Die Theorie der Grundbedürfnisse, die von Ophelim entwickelt und angewandt wird, bringt ebenfalls unweigerlich Unordnung und Konflikte mit sich, weil das Konzept des «Habens» das des «Seins» ersetzt hat: die neuen Götter der Wirtschaft und des Marktes haben die alten Gottheiten entthront und so die Untertanen des Sultanates zu einer verhängnisvollen geistigen — später auch materiellen — Leere verdammt. Um den Schein zu wahren und das Prestige seiner Herrschaft aufrecht zu erhalten, wischt der König Ophelims Betrug unter den Tisch, obschon die Konsequenzen dieses Missbrauchs einer noch mangelhaft beherrschten Technologie unbekannt sind, und beruft sich dabei auf eine zweifelhafte — aber trotzdem kritiklos angenommene — Theorie, die auf der formellen Verknüpfung von ökonomischer Vernunft und Wohlergehen basiert, um sich den Glauben und die Anhängerschaft aller zu sichern.

Diese höchst schematische Zusammenfassung gibt natürlich nicht die ganze «Wirklichkeit» wieder, deckt aber die entscheidende Rolle auf, die der Ordnungsvorstellung bei der Entwicklung der Zielsetzungen westlicher Entwicklungsideologien zukommt. Dieser Ordnungsbegriff kann jedoch nicht verstanden werden ohne seinen Steigbügelhalter, die Wissenschaft, die ihrerseits eine Terminologie begründet, die die Ordnung schafft und ihr gleichzeitig unterworfen ist. Stehen Epistem und seine Vision von Glück und Harmonie nicht den meisten entwicklungspolitischen Aktionen Pate? Die durch den Überlebenskampf der Marktwirtschaft bedingten Zwänge einerseits und die westliche Vorstellung von Glück und Erfolg anderseits hängen eng zusammen mit dem Auftauchen «Epistems» auf dem gesellschaftlichen Schauplatz des Westens und haben zugleich der Vorstellung und Ausarbeitung zahlreicher Entwicklungsprojekte Pate gestanden. Auch wenn der Begriff der *Ordnung* — im Sinne der ökonomischen Vernunft — in entwicklungspolitischen Verlautbarungen nicht explizit verwendet wird, so liegt er doch implizit der Gesamtheit der Begriffe und Ausdrücke zugrunde, die er hervorgebracht hat: Restrukturierung, Entwicklung, Ausrichtung, Programmierung, Wiederentfaltung, Neu-Bearbeitung, Planung, Fortschritt, Wachstum, Perspektive, Projekt, Zusammenhänge...[4]

II
Die Ordnung des Wortes:
Entstehung und Entwicklung des Mythems

Anhand eines Textes von Borges, der an eine «gewisse chinesische Enzyklopädie»[5] erinnert, geht M. Foucault an die Ursprünge der sogenannten «kulturellen Unterschiede» zurück; diese Enzyklopädie teilt die Tiere in *a priori* verrückte Kategorien ein: «a) dem Kaiser gehörend, b) riechend, c) gezähmte, d) Milchschweine, e) Sirenen, f) sagenhafte, g) Hunde in Freiheit, h) in der vorliegenden Klassifizierung ein- geschlossene, i) die wie Verrückte umhertollen, j) unzählbare, k) mit einem feinen Kamelhaarpinsel gezeichnete, l) et caetera, m) die gerade den Krug zerbrochen haben, n) die von weitem den Fliegen gleichen.»

Diese Klassifizierung bringt uns erst einmal zum Lachen, aber dann stehen wir völlig ratlos vor der fehlenden Konsequenz und der Zusammenhangslosigkeit der verwendeten Begriffe. Denn es genügt nicht, eine Sprache zu übersetzen, d.h., die Variablen direkt zu übertragen, um sie zu verstehen, wenn ihr ganzer symbolischer und historischer Hintergrund und die ursprünglichen Beziehungen zur Wirklichkeit dem Leser unbekannt sind oder ausser acht gelassen werden. Wir können eine solche Klassifizierung gar nicht «denken», weil ihre Einteilung der Wirklichkeit von Vorstellungen geleitet wird, deren Existenz uns gar nicht in den Sinn käme. So unterscheidet der Text überhaupt nicht zwischen real existierenden und mythologischen oder Fabeltieren, was gegen die methodologischen Grundsätze unserer Wissenschaft verstösst, die sich auf den Empirismus stützt. Zudem kennzeichnet eine üppige Mischung von Kategorien die Einteilung, die frischfröhlich Arten, Gattungen, Gruppen und Einzeltiere durcheinanderbringt und auf — unsere — linguistischen Normen pfeift: Substantive, Adjektive, Partizipien und Nebensätze lösen sich in perfekter «Unordnung» ab. Der Text folgt keiner strengen Dichotomie: *gezähmt* wird ganz einfach der Kategorie *Hunde in Freiheit* gegenübergestellt; *die von weitem den Fliegen ähnlich sind* impliziert nicht eine ergänzende Kategorie grösserer Tiere. Und dann das *etc* noch vor dem Schluss der Aufzählung, die Kategorie *in der vor liegenden Klassifizierung eingeschlossene* auf derselben Ebene wie alle andern Kategorien… das macht unsere Verwirrung komplett, weil es den elementarsten Prinzipien der Mathematik widerspricht: Wir können uns kaum vorstellen, dass ein Element eines Ganzen gleichzeitig dieses Ganze umfassen und ein Teil dieses Ganzen sein kann. Dass wir uns daran stossen, dass soziale Positionen — *dem Kaiser gehörend* — in eine solche Klassifizierung aufgenommen werden, die für uns in den Bereich der Naturwissenschaften, der sogenannt exakten Wissenschaften gehört, unterstreicht unsere Unfähigkeit, auf theoretischer Ebene Wirkliches neben Phantasiegebilde zu stellen, den Schatten neben das Licht, das Scheinbare neben das Objektive. Und dennoch bedingt diese Systematik genauso wie unsere Wissenschaft, die nicht verstanden werden kann, wenn man ihren linguistischen und theoretischen Code («Jargon») nicht beherrscht, einen spezifischen symbolischen Verständnisraster, der nicht nur dem semantischen Bereich, sondern auch dem sozialen Beziehungsnetz zugrundeliegt. Wichtig bei der Lektüre dieses Tierverzeichnisses ist, zu verstehen, dass die hier aufgeführten verschiedenen Kategorien bestimmte Tiere auf sehr präzise Weise kennzeichnen, vorausgesetzt, man kennt den Raster, der für das Verständnis dieser Kennzeichnung unentbehrlich ist. Dasselbe gilt für sprachliche Ausdrucksformen, die aus der westlichen Denkweise hervorgehen: Sie sind nur «sinnvoll», wenn der Leser über die zur Wahrnehmung und zum Begreifen unserer «Wirklichkeit» notwendige Brille verfügt.

So steht am Anfang jeglicher Gemeinschaft die Errichtung eines gemeinsamen symbolischen Codes, der ihren Mitgliedern ermöglicht, die Wirklichkeit auf relativ einhellige Weise zu erleben, sich vorzustellen und auszudrücken, damit das Überleben und die Reproduktion der Gruppe gewährleistet sind. Das Schicksal oder die Geschichte der Gemeinschaft gestaltet sich also auf der Grundlage der Errichtung einer bestimmten gesellschaftlichen Ordnung, die die Beziehung des Menschen sowohl zu seiner räumlichen und zeitlichen als auch zu seiner psychologischen und sozialen Umwelt konkretisiert. Über den Mythos — und seine Sekundantin, die Symbolik — wird ein stark strukturiertes Kollektivgedächtnis aufgebaut, das die Beziehungen zwischen Worten und Dingen definiert, das Wichtige vom Nebensächlichen, das Nützliche vom Oberflächlichen oder Schädlichen, das Dauerhafte vom Vergänglichen und das Normale vom Abnormalen unterscheidet. So gelangt das Kollektiv zu einer Art Status quo, indem es aus der Wirklichkeit die Elemente herauslöst, die der Festigung seines Zusammenhaltes dienen, anders ausgedrückt: es trifft eine Auswahl unter den Materialien, die ihm die Wirklichkeit zur Verfügung stellt, und ordnet sie neu zu einem minutiösen Mosaik, das zum Bezugsrahmen — auch Realitätsfeld genannt — wird für Begegnungen, Konfrontationen oder Projekte.

Die soziale Ordnung baut sich also auf dem Raster der Symbolik auf, dessen wichtigstes Medium die Sprache ist. Aber die Worte dienen nicht nur als Vermittler zwischen der «Wirklichkeit», so wie sie von jedem Kollektiv wahrgenommen und verstanden wird, und den Menschen. Die Worte sind nicht wertneutral, d.h., tels quels von einer Sprache in die andere übertragbar, sondern sie stecken auch die Grenzen des Realitätsfeldes ab, heben bestimmte Figuren hervor, lassen andere Komponenten des Realitätsfeldes im Schatten, strukturieren Raum und Zeit in ganz bestimmter Weise, regeln die Blickwinkel, stellen eine Werthierarchie auf, bringen Systematik in die Erfahrungen, kurz, giessen die Gedanken — oder besser gesagt, die Denkweisen — in eine bestimmte symbolische und intellektuelle Form, die kaum durchlässig ist für äussere Einwirkungen.

Deshalb ist es für uns denn auch viel schwerer, uns die erwähnte chinesische Systematik *vorzustellen* als sie rein intellektuell zu begreifen. Sie liegt im Bereich eines Realitätsfeldes, das nicht mit dem unsrigen übereinstimmt, das gar keinen Platz hat in unserer Vorstellungswelt; und die Kategorisierurg, die Einteilung der Tiere in dieser Systematik rühren von einer sicher willkürlichen Auswahl, die aber grundlegend bestimmt wird durch eine besondere Auffassung der Wirklichkeit, die sich in der Symbolik der Sprache ausdrückt und die von unserer Wirklichkeitskonstruktion grundlegend abweicht.

Die Wörter leiten das, was Foucault «unsere tausendjährige Praxis des Gleichen und des Andern» nennt; sich die Wirklichkeit vorzustellen, setzt die Konstruktion eines symbolischen und linguistischen Rasters voraus, der uns erlaubt, die Welt auf der Grundlage unterschiedlicher Konzepte und einer Einteilung und Hierarchisierung der Kategorien wahrzunehmen und zu verstehen, die notwendig sind für die Einordnung der Dinge und Ereignisse in die gesellschaftliche Organisation. Sobald dieser Zusammenhalt gesichert ist, kann sich das Kollektiv an die Normierung der Sprache und der intellektuellen Kategorien machen, um die Aufrechterhaltung der sozialen Ordnung zu gewährleisten. Dieser «gemeinsame Nenner» der Gedanken, den die Sprache darstellt, macht es möglich, die Werte und ihre Hierarchie, die die gesellschaftliche Realität jedes Kollektivs gestalten, einheitlich im Kollektivsgedächtnis zu verankern. Während die Sprache strengen semantischen und syntaktischen Regeln gehorcht, ist das Wort bar jeglicher wissenschaftlichen Strenge und Genauigkeit: die gesellschaftliche Symbolik ist flexibel und anpassungsfähig genug, um dem Wort je nach seiner Stellung im Kontext oder den Umständen, unter denen es ausgesprochen oder geschrieben wird, verschiedene Bedeutungen zu verleihen.

Dieser Interpretationsspielraum, der der Vorstellungskraft Raum lässt und gleichzeitig ihre Grenzen absteckt, hängt in starkem Masse ab von den herrschenden Mythologien, die die symbolische Spannbreite des Wortes bestimmen.

So hat die Industriegesellschaft ihre Strukturen und ihre Kosmologie durch ein Hin- und Herpendeln zwischen den gesellschaftlichen Tatsachen, die ihre Geschichte gestalteten, und ihrer besonderen Mythologie des Wachstums und des Fortschritts konsolidiert und angepasst. Der Siegeszug des kartesianischen Denkens und die Fortschritte der Naturwissenschaften riefen nach einer tiefgreifenden Umwandlung der sozialen Ordnung und folglich auch der Codes, die diese Ordnung steuerten. Mit dem Aufschwung neuer Theorien und neuer Techniken tauchten auch neue Werte, ein neues Vokabular und eine neue Hierarchie gesellschaftlicher Handlungsweisen auf, die eine fortschreitende Umwandlung der gesellschaftlichen Ordnung mit sich brachten, die nun zur industriellen Ordnung wurde.

Das Bedürfnis, den physischen und sozialen Raum systematisch zu ordnen und zu parzellieren, entsprach einer Neudefinierung der Ordnung, die die Grundlagen der Industriegesellsohaft legitimiert und aufrechterhält. Das «Jahrhundert der Aufklärung» mit seinem ganzen Tross von Enzyklopädisten, Gelehrten und Naturwissenschaftlern, die entschlossen daran gingen, den Mystizismus und das Irrationale ein für allemal an der Wurzel auszumerzen, indem sie sich nur noch auf den Empirismus und auf objektiv feststellbare Tatsachen stützten, zog auch eine teilweise Änderung der Sprache nach sich. Die Wissenschaft trat zunehmend an die Stelle der Religion als «Protagonistin» der westlichen Mythologie: *sie* hielt von nun an die Schlüssel zur Organisation der Welt und ihrer Strukturen in der Hand und wurde deshalb zur treuen Komplizin, zur «guten Fee» der Wirtschaft, verhalf ihr zur Durchsetzung ihrer Macht und lieferte die Rechtfertigung für ihre Grundlagen, indem sie sie tatkräftig mit ihren «Waffen» und ihren Theorien unterstützte. Der Aufschwung neuer Technologien, die die Entwicklung der industriellen Ordnung ermöglichten und die soziale Schichtung beeinflussten, wurde dadurch legitimiert, dass die grundlegendsten wissenschaftlichen Ideen und Begriffe in den Rang von Mythemen erhoben wurden und von nun an zur westlichen Kosmologie gehörten. In diesem Sinn hat die Sprache diktatorische Macht, da zahlreiche ihrer Paradigmen das Denken in eine bestimmte Richtung lenken in bezug auf das Verständnis und die Wahrnehmung der Wirklichkeit.

So stützen sich die Wissenschaft und ihre Gehilfin, die Ordnung, auf eine Gesamtheit linguistischer Schablonen, die dank ihrer Institutionalisierung normierte und gesamtgesellschaftlich interiorisierte Werte hervorbringen.

Das Einschleusen neuer Begriffe in das Vokabular, die sowohl Vorboten als auch Alibi der sozialen und industriellen Entwicklung waren, lenkte unsere Denkweise und erzeugte *Verhaltensweisen,* die geeignet waren, das neue Wissen auf immer im Kollektivgedächtnis zu verankern. Die Begriffe Industrialisierung, Wachstum, Kapital, Fortschritt, Entwicklung, Rationalität, Realismus, Ertrag, Gewinn, Produktivität, Perfektionierung usw. definieren die industrielle Ordnung, die ihrerseits durch die Entwicklung der Wissenschaft legitimiert wird. Die Entwicklungsideologien haben überdies bewirkt, dass zahlreiche Konzepte wie Pilze aus dem Boden schossen, die ihrerseits die Frucht der Verbindung von Ordnung und Wissenschaft waren. So könnte man mittels der Wörter und Begriffe eine Art «Genealogie» der Ideen aufstellen, die — zumindest teilweise — die Herkunft der vielfachen Verästelungen des Denkens und den Ursprung der Analogien und Assoziationen, die mit einem Wort oder einem Begriff verknüpft sind, sichtbar machen würde.

In diesem Sinn sind die Wissenschaft und die Ordnung — als Matrizen internalisierter sozialer Codes im westlichen Denken — zwei Konzepte, die in einer Wechselwirkung stehen und beide die Voraussetzungen für die Aufrechterhaltung ihrer Legitimität selbst bestimmen. So ist das Wissen oft nicht mehr als ein «zu sagen wissen»[6], insofern als die wissenschaftlichen Praktiken durch die verschiedenen, von anerkannten Autoritäten diktierten Verlautbarungen, die durch die Kommunikationsnetze des gesellschaftlichen Bereiches verbreitet werden, gerechtfertigt werden. Die Theorien des «Wissen» können zwar als solche kaum zurückgewiesen werden, aber die Verehrung, die ihnen erwiesen wird, ihre Tendenz, sich als Axiome mit «idol»-Charakter hochzuspielen, können infragegestellt werden.

Was zählt, ist nicht so sehr die Definition der Sprache und ihr Inhalt, sondern der historische und soziale Kontext, in dem sie sich soweit entfalten kann, dass sie die Handlungsweisen des Kollektivs leitet. Um die industrielle Ordnung aufrechtzuerhalten, die ihrerseits die der Marktwirtschaft eigenen Srukturen garantiert und als Alibi für die Mittel dient, die für den Fortbestand der Organisation und der Verwaltung des sozialen Bereiches eingesetzt werden, stützen sich die herrschenden Kräfte ständig auf den Mythos des Fortschritts, der aus der linearen Zeitvorstellung der westlichen Kosmologie[7] hervorgegangen ist und den sie dank der Kontrolle, die sie über das gesprochene und geschriebene Wort haben[8], zu ihren Gunsten nutzen können. Hinter den teochnokratischen Verlautbarungen, die die Begriffe und Werte, die sich das Kollektivgedächtnis aneignen soll, «vor-verdauen», wird eine Ordnung der Kommunikation sichtbar, die umso mächtiger ist, als sie sich hinter der Neutralität des «Wissens» verschanzt. Das Beängstigende an dieser «Tyrannei eines klassifizierenden Logos»[9], der den Erfahrungen eine Sinnordnung aufzwingt, die nicht nur unsere Wahrnehmung und unsere Erkenntnis der Wirklichkeit steuert, sondern auch unsere Bedürfnisse und unsere Wünsche, ist die Tatsache, dass sie — wenigstens formell — weder dementiert noch infrage gestellt werden kann, weil sie sich, wie gesagt, systematisch hinter der wissenschaftlichen Wahrheit verschanzt, um die ihr zugrundeliegende Ordnung zu verbreiten.

Diese allgegenwärtige Positivität westlicher Denk- und Ausdrucksformen, die im übrigen die grundsätzliche Irrationalität der grenzenlosen Akkumulation verschleiert, die der Marktwirtschaft eigen ist, bildet die Grundlage einer ganzen Reihe von Weltbildern und von Vorstellungen, wie diese Welt zu organisieren sei. So liegt der Westen oder vielmehr die westliche Bevölkerung in den Fesseln entfremdender Werte, die durch die bestehenden Institutionen legitimiert werden, durch die Verlautbarungen der Ordnung Gesetzescharakter erhalten und den Menschen ihre Bedürfnisse und ihre Art, zu sein und zu haben, diktieren, sie aber glauben machen, dass sie ihre Wünsche selbst bestimmen[10]. Aber diese Ordnung, die sich aus wissenschaftlichen und kartesianischen Komponenten zusammensetzt, ist uns nur vage bewusst und schwer zu kontrollieren, weil wir die Sinnordnung, die sie konstruiert, schlecht beherrschen. Deshalb geben wir uns nicht damit zu frieden, ihr selbst ausgeliefert zu sein, sondern neigen dazu, sie tel quel auf die Gesamtheit der gesellschaftlichen Systeme unserer Welt auszudehnen.

Unter diesen Voraussetzungen ist der Begriff «Entwicklung» mit einer positiven Bedeutung behaftet, die mit unserer eschatologischen Vorstellung der Zeit verknüpft ist: die Begriffe des zeitlichen Ablaufs und des damit assoziierten Fortschritts, die den Ordnungsdiskurs verbrämen, überdecken die Gesamtheit aller sozialen Bereiche und beinhalten einen «Imperialismus» des Wortes und des Sinns, der oft unbewusst bleibt. Gleichermassen kennzeichnen solche Ableitungen der Begriffe oft unsere Überlegungen über den und das Andere; zusammen mit dieser Unterwerfung unter die Ordnung verleitet die Angst vor dem Unbekannten, die kennzeichnend ist für den Westen, diesen dazu, alles, was anders ist, seiner Vorstellungswelt einzugliedern, um diesem Andern, dass das Gleichgewicht seiner Herrschaft des «Wissens» bedroht, einen Namen geben zu können: so ist der Begriff der «Dritten Welt» entstanden, eine rein formale und abstrakte Bezeichnung, die nichts anderes bezweckt, als das zu kategorisieren, was sich noch den herrschenden Normen entzogen hat. Es genügt dem Westen aber nicht, zu benennen und einzuordnen — das Andere ist im «Buchhaltungssystem» des Westens nun das Dritte — sondern man muss auch noch sichergehen, dass das Glück — unser «Glück» — beim Andern «institutionalisiert» wird (siehe Ophelim), der im übrigen im Namen der westlichen Ordnung ausgebeutet und ausgeplündert wird.

III
Ordnung und Entwicklung: Welche Rolle spielt das Mythem?

Augenfälligstes Ergebnis der Hegemonie der westlichen Kosmologie und ihrer Begleiterscheinungen auf den gesellschaftlichen Schauplätzen der Erde ist ihr beherrschender Einfluss auf die Modalitäten des internationalen Austausches und der internationalen Beziehungen und auf die Ordnungsvorstellung der «Eliten» der «Dritten Welt». Begriffe aus dem mathematischen Vokabular, die — als Sprachrohr der Macht — die Einordnung der Wirklichkeit ermöglichen anhand einer Reihe von Dichotomien, die den gesellschaftlichen Bereich in zwei verschiedene Vorstellungskategorien (das Normale, das Wahre, das, was zu uns gehört — das Marginale, die Lüge oder der Irrtum, das Andere) und anhand einer Gesamtheit von Begriffen aus der analytischen Vorstellungwelt der Epistemologie[11] (teilen, einordnen, vergleichen, regeln, anreihen), verdichten sich zu einem einmaligen System der Normierung. Und es ist dieses System, das das Verhalten zahlreicher Politiker zu leiten scheint, die mehr oder weniger in das kulturelle Mosaik integriert sind, das der Westen zusammengesetzt hat, um den Planeten zu definieren. Es geht hier nicht darum, eine Debatte über eine interkulturelle Epistemologie[12] vom Zaun zu reissen, sondern darum, den inneren Zusammenhang der Repräsentationssysteme und der Sprache auf internationaler Ebene zu unterstreichen, welcherart auch die spezifischen kognitiven Strukturen und Wertsysteme der betreffenden Gesellschaften beziehungsweise Staaten seien.

In einem Artikel unter dem Titel «Die verborgenen Dimensionen der sogenannten *Neuen Weltwirtschatsordnung*»[13] stellt Roy Preiswerk den Entwicklungsthesen der herrschenden Ordnung die Thesen der «Peripherie» gegenüber, um einen der Schlüsselbegriffe, die die westliche Gesellschaftsstruktur prägen, aufzunehmen. Die vom Westen aufgezwungene «Imitationsentwicklung»[14] wird tatsächlich von einer Reihe von Vorstellungen bestimmt, die nichts anderes als — durch eine mystifizierende Sprache verbrämte — Produkte der westlichen Sinnordnung[15] sind. Die NWWO gründet auf einer nach aussen orientierten und somit vom «Zentrum» abhängigen Entwicklung. Zudem steht sie im Zeichen eines «linearen Evolutionismus», der von der für die Industriegesellschaft charakteristischen Zeitplanung und Aneignung der Zukunft herrührt. Und schliesslich gehören die Unterhändler der NWWO einer internationalen Gesellschaftsklasse an, die übereinstimmend eine Art der Konfliktlösung befürwortet, die sich weitgehend vom westlichen Institutionsmodell ableitet. Diese geistige «Selbstkolonisierung», die für zahlreiche Staatschefs charakteristisch ist, entspringt nicht nur einer praktisch universellen Aneignung westlicher Denkweise durch die internationalen «Eliten», sondern ist auch eine Folge der beängstigenden Hegemonie des rationellen kartesianischen Diskurses der Industriegesellschaft, der sich seinerseits der herrschenden Mythologie des Fortschritts und des materiellen Wohlstandes unterordnet. Roy Preiswerk bezeichnet die Entwicklungsstrategie, die von den Befürwortern der NWWO vorgeschlagen und verhandelt wird, als «assoziativ und gleichschaltend»[16]: der Ansatz, der diese Strategie leitet, rührt von der westlichen Sinnordnung, und das verwendete Vokabular zeugt vom Willen, die «Dritte Welt» in die Weltwirtschaft zu integrieren. Ausserdem werden die «Drittweltländer» nicht als unabhängige, geschlossene Einheiten betrachtet, sondern in einen «universalistischen» linguistischen und strategischen Rahmen eingeordnet. Das bringt für diese Länder alles andere als die Befreiung von der herrschenden Gesellschaftsordnung westlicher Prägung, sondern verstärkt vielmehr ihre Identifikation mit dem kulturellen und intellektuellen Modell der Industriegesellschaften. Zugleich lässt diese Strategie die Entropie ausser acht, die die industrielle Ordnung an den Grundfesten zu erschüttern droht — «das thermodynamische Paradigma der ungleichen Entwicklung»[17]. Ist die NWWO also nichts anderes als eine Utopie? Oder kann man hoffen, dass sie zur «Heterotopie»[18] wird? Wird sie eines Tages die Ordnung der Wörter umwerfen, den Sinn umkehren, das minutiöse Zusammensetzspiel der Darstellung der Dinge zerstückeln und die Mythen entlarven, um wirklich neue semantische Rahmenbedingungen zu schaffen, die imstande sind, einen Kontext und einen Verhandlungsrahmen hervorzubringen, die der Gesellschaftsordnung jedes beteiligten Landes Rechnung tragen? Noch scheint sie nicht mehr zu sein als ein weiteres Programm unter vielen, zu einem Zeitpunkt, da verschiedenste weltweite Entwicklungsprogramme wie Pilze aus dem Boden schiessen — alle mit dem Anspruch und der Zielsetzung, eine neue Ordnung zu errichten, die die alte ablösen soll. Einem aufwallenden Optimismus entsprungen, der bereits (fast) wieder «Geschichte» ist, sind die meisten dieser Programme im übrigen wieder von der Bildfläche verschwunden. Denn in Wirklichkeit sind zahlreiche dieser gutgemeinten Projekte, eine Ordnung durch eine andere zu ersetzen, lediglich Chimären; denn neu an ihnen ist nur die Bezeichnung: sie knüpfen an die gleichen Begriffe an wie die westliche Denkweise und verewigen damit die westliche Sprachordnung, indem sie selbst der «richtigen Linie der Sprache» folgen[19]. Ursprünglich als Keimzellen der Rebellion gegen den «Imperialismus der einen Ordnung» gedacht, haben sie sich rasch als Schein-Reform erwiesen, als Agenten der «Reformierung», der Wiederherstellung derselben Ordnung, weit entfert davon, potentielle Unruhestifter zu sein, spielen sie vielmehr die Rolle der «Abweichungen» und der «Nebengeräusche»[20], die für die Selbstnormierung und Selbstlegitimierung des sozio-ökonomischen Systems des Westens unabdingbar sind. Sowie sich in der Natur die organisierten Systeme dank einer «nicht gelenkten adaptiven Lehrzeit»[21] entwickeln, wandelt sich die westliche Gesellschaft — weit davon entfernt, in einem rigiden sprachlichen, kulturellen und sozio-ökonomischen Rahmen zu verharren — als organisiertes System ständig

unter dem Eindruck der Schreie nach Revolte und der Mahnrufe ihrer «Marginalen», derer, die sich nicht in das geschlossene Universum des Systems integrieren lassen oder auf Distanz gegangen sind, um den Fangarmen seiner Ordnung zu entgehen. Das System selbst verbreitet diese Aufschreie und dieses Weinen höchst werbewirksam, setzt damit seinen Verlautbarungen und seiner Rhetorik Glanzlichter auf, um sie so umso besser zu seinem Nutzen auszuschlachten: es passt seinen *habitus* an, gestaltet seine peripheren Strukturen nach Massgabe dieser Nebengeräusche oder «Störfälle», die die Ordnung zu erschüttern drohen, und absorbiert sie schliesslich, um sich noch mehr aufzublähen. Das System zehrt von seinen Angreifern gerade dadurch, dass es ihnen die Möglichkeit gibt, sich auszudrücken, denn das entspricht seinem Anspruch auf Transparenz, demzufolge nichts verborgen bleiben darf, was an sozialen Beziehungen und Realitätsbezügen vorhanden ist. Die Stärke des Systems liegt eben gerade in seiner Fähigkeit, die seinem Ordnungsmodell inhärenten Widersprüche und Ungereimtheiten zu seinem Vorteil zu nutzen. Die wichtigsten dieser Widersprüche sind die beschleunigte Zunahme der Entropie im wirtschaftlichen System, das unter der Last seiner Exzesse und seiner destruktiven Verschwendungssucht zusammenbricht, die Ausbeutung der Arbeit durch eine kleine Minderheit, die Entfremdung der Werte...
Wenn diese Fehler oder Widersprüche, die dennoch ein potentielles Risiko der Unordnung beinhalten, angeprangert werden, erweitert die westliche Kommunikationsgesellschaft das Spektrum der möglichen Kritik am wirtschaftlichen System und verschlingt sie, macht sie unschädlich, indem sie ihnen ihr eigenes Begriffsinventar, das aus ihrer Wortordnung hervorgegangen ist, überstülpt, entschärft anders gesagt den Inhalt der Kritik, indem sie ihr die Form gibt, die dem System passt: so verändern sich die Widersprüche oberflächlich, während ihr Kern — die ökonomische Ideologie — unangetastet bleibt. Dies ist umso leichter zu bewerkstelligen, als die phantastische Entwicklung der Medien einhergeht mit einer zunehmenden Eingleisigkeit der Kommunikation, die gewissermassen zur «Einbahnstrasse des Wortes» wird: Wörter überfluten uns von überall her, ohne dass wir die Möglichkeit hätten, etwas zu erwidern oder überhaupt auf wirksame Weise, d.h., auf derselben Ebene, zu reagieren. So stellen auch die «neuen Entwicklungsprogramme» keine ernstzunehmende Gefahr für die herrschende Ordnung dar, weil sie sich mit einer Terminologie versehen — oder ver-

sehen werden —, die der westlichen Denkart unterworfen ist. So integrieren sie sich zunehmend in ein System, das, obwohl in ständigem Wandel begriffen, dennoch Bezugsinstanz für die Inhaber der Macht bleibt[22].

Man wird einwenden, dass sich gewisse Programme gerade als «neu» gegenüber der bestehenden Ordnung bezeichnen. Dennoch riskieren diese «neuen» Programme — im Kontext des kapitalistischen Systems von Produktion und Verbrauch, das nur dank der ständigen Erneuerung der Bedürfnisse durch den Mythos der «Neuheit» und des «Andern» (siehe Werbung) überlebt — diese Konsumgier nach Neuem anzuheizen, die nur befriedigt wird, um einen etwaigen Widerhall dieser «neuen» Ideen in der Öffentlichkeit unter Kontrolle zu behalten. Die «neuen Ordnungen» sind in den Hintergrund verdrängt worden und haben sich im anonymen Schatten der Misserfolge verloren. Der Hunger, das Elend, die Erniedrigung und die Marginalisierung der Ärmsten unter den Armen werden immer grösser, während sich gleichzeitig die Grundsätze der industriellen Ordnung mit beängstigender Geschwindigkeit bis in die entferntesten Winkel der Erde verbreiten, die bisher noch kaum von ihren Auswirkungen berührt worden sind. Aber der Misserfolg muss vertuscht werden, seine Offensichtlichkeit wird verschleiert durch das Auftauchen neuer «Störfälle», die ihn in den Hintergrund verdrängen, so dass die Hoffnungen, die diese Programme wecken konnten, in Vergessenheit geraten — Hoffnungen, die, wenn sie den Informationsempfängern allzu stark in der Erinnerung haften blieben, die Glaubwürdigkeit des Systems bedrohen würden.

Parallel zum diskursiven Einfluss der Ordnung entwickeln sich vielfältige Arten des «Tuns», die sich ebenfalls daraus ableiten und oft ihrerseits zum Alibi und Vorwand des Diskurses werden: zuerst glaubt man (Mythen), dann «weiss» man bzw. glaubt, zu wissen (Codes, Kosmologie), dann tut man (Riten, Praktiken), was die Selbstverständlichkeit des Wissens (Diskurs) verstärkt und so wiederum den Glauben (Mythen) festigt. Wort und Tat sind in diesem Prozess eng miteinander verbunden, und wenn es auch schwierig ist, auszumachen, zu welchem der beiden der Glaube an einen Mythos zuerst führt, so konsolidiert ihre Veflechtung dennoch zweifelsohne die Sinnordnung. Die sozio-ökonomischen Strukturen, die vom Westen exportiert werden, setzen sich in einer wachsenden Zahl von Ländern fest. Sie formen die Mentalitäten nach dem

Vorbild der von ihnen repräsentierten Ordnung und flössen dem Bewusstsein der Menschen Scheinwahrheiten ein, die nichts anderes sind als die Konsequenz ihrer Präsenz: die Mytheme der Ordnung, der Gleichheit und des materiellen Wohlstandes, die eigentlichen Glaubensbekenntnisse, die durch das «Zentrum» verbreitet werden, erscheinen von nun an als unverzichtbar, und zwar umso mehr, je mehr sich die zahlreichen Entwicklungsprojekte, die der westlichen Denkweise entsprungen sind, in der Wirklichkeit verankern.

So «produziert die Macht Realität»[24], und die Ordnung, die sich daraus ergibt, ist weit mehr als nur eine Definition unserer Wirklichkeit: sie ist auch Herstellerin und Hauptakteurin einer Denkweise und einer Lebensart, die unsere Existenz und die des Andern prägt, dieses Andern, der von der Ordnung auf das Podest erhoben wird, nur um ihm als Marionette eine Bedeutung zu verleihen, die ihn definitiv ausschliesst. Wenn er sich nicht unterwirft, ist er zum Verschwinden verdammt.

Die neuen Entwicklungsprogramme sind nicht einmal Embryonen einer Gegenmacht, da sie von den Wurzeln der ökonomischen Ideologie zehren, die heutzutage die oberste Autorität darstellt in Sachen Organisation, Verwaltung und Reproduktion des gesellschaftlichen Raumes weltweit. Die ökonomische «Vernunft» hat die Religion ersetzt, die Prinzessin hat die Nachfolge der Königin angetreten auf dem Thron unserer Mythen, und sie lenkt unser Schicksal zur grossen Zufriedenheit der «Ordnungs-Hüter», unterstützt von der liebenswerten Figur des Prinzgemahls, des Garanten des Glücks ihrer Untertanen.

Anmerkungen:

1. Siehe M. Guillaume, *Eloge du désordre*, Paris, Gallimard 1978, S. 178

2. Siehe M. Guillaume, «Le voeu d'ignorance, condition du savoir économique», *Il faut manger pour vivre*, Cahiers de l'IUED, Nr. 11, IUED Genf, Paris, PUF, 1980, S. 182

3. Siehe F. Sabelli, «Die mythischen Hintergründe der gängigen Entwicklungsvorstellung» in diesem Buch

4. Diese Aufzählung von Ideen durch die entsprechenden Wörter ist weder erschöpfend noch geordnet: sie will vor allem die genaue und bestimmte Organisation der Ideenassoziationen aufdecken und die Äquivalenzbeziehung zwischen Entwicklungsdiskurs und westlichem Ordnungsbegriff unterstreichen. Es ist übrigens klar, dass die Begriffe in völlig anderer Reihenfolge aufgezählt werden könnten; allerdings entspringt die Zusammenstellung der «assoziativen» Begriffe nicht einer subjektiven Auswahl, sondern wurde einem Dictionnaire entnommen, also einer «Autorität» auf dem besagten Gebiet, sie reflektiert also genau genommen die offizielle Ordnung des Wortes.

5. M. Foucault, *Die Ordnung der Dinge*, Frankfurt a.M., stw 96, S. 17

6. M. Guillaume, *Eloge du désordre*, a.a.O.,S. 69

7. J. Galtung: «Le développement dans la perspective des besoins fondamentaux», *Il faut manger pour vivre*, a.a.O. S. 82

8. Siehe M. Guillaume: «Die ganze Industriegesellschaft ist im Grunde nichts anderes als eine bestimmte Organisation der Kommunikation auf dem gewaltigen Umweg der Produktion und des Konsums»., *Eloge du désordre*, a.a.O. S. 172

9. ebenda, S. 96

10. M. Guillaume erinnert auch an die Tatsache, dass sich die erwähnten Vorstellungen «selbst zur Norm erklären», «ein Phänomen, das in modernistischen Kreisen des Staatsapparates im weitesten Sinn besonders en vogue ist». Statt sich wie früher auf die «Erfordernisse» der Verwaltung zu berufen, ziehen sie es vor, «das Volk deren Erfordernisse und Normen ausdrücken zu lassen». (a.a.O. S. 83)

11. J. Galtung, a.a.O., S. 93

12. Siehe R. Preiswerk, *A contre-courants*, Lausanne, Ed. d'en bas, 1984, S. 163-184

13. R. Preiswerk, ebenda, S. 213-236

14. Der Ausdruck stammt von Raul Prebisch, zitiert von R. Preiswerk, ebenda, S.219

15. Sinnordnung meint hier die Einteilung der Wirklichkeit in normative Kategorien, die eine der besonderen Wahrnehmung der Wirklichkeit entsprechende Handlung hervorrufen.

16. R. Preiswerk, a.a.o.,m S. 229

17. Entropie (zweites Prinzip der Thermodynamik): Mass des Organisationsgrades eines Systemes bei höchster potentieller Energie. Eine erhöhte Entropie bedeutet eine Zunahme der Unordnung innerhalb des Systems, was zu einem zunehmendenn internen Energieverlust führt. Man kann mechanische Energie gewinnen, indem man mit degradierter Energie (Wärme) «be- zahlt», die nutzlos geworden ist. In diesem Sinn könnte die Metapher der Entropie die «Restwärme» («part maudite de la dépense», Anm. d. Übers.) in G. Bataille bezeichnen (vergl. S. M. Guillaume, *Eloge du désordre*, a.a.O. S. 15)

18. Vergl. M. Foucault, a.a.O., S. 9

19. ebenda, S. 20

20. Siehe auch J.P. Dupuy, *Ordres et désordres,* Untersuchungen zu einem neuen Paradigma, Paris, Seuil, 1982, S. 116-117

21. Vergl. H. Atlan, *Entre le cristal et la fumée,* Essai sur l'organisation du vivant, Paris, Seuil, 1979, S. 56-57: «Die Theorien der Selbstorganisation erlauben es, die logische Natur von Systemen zu verstehen, in denen sich die programmatischen Grundsätze dauernd wandeln, auf nicht vorgegebene Weise, unter dem Eindruck von «zufallsbedingten» Umweltfaktoren, die «Fehlleistungen im System» bewirken (…) Deshalb stellt das Auftauchen der Umweltfaktoren und ihr Zusammenstoss mit dem System ein störendes Nebengeräusch dar aus dem Blickwinkel des Informationsaustausches im System und kann nichts anderes als Fehlleistungen bewirken. Aber von dem Moment an, wo das System fähig ist, auf diese Faktoren so zu reagieren, dass es nicht nur nicht verschwindet, sondern sich darüber hinaus erst noch in einer Richtung wandeln kann, die seinem Fortbestand förderlich ist oder ihn zumindest sichert, anders ausgedrückt: von dem Moment an, wo das System fähig ist, die auftauchenden Fehlleistungen in seine eigene Organisation zu integrieren, verlieren diese a-posteriori ein wenig den Charakter von Fehlleistungen.

22. Vergl. Roy Preiswerk, a.a.O., S. 229: «Eine quantitative Inhaltsanalyse der Resolution 3201 der UNO-Generalversammlung vom 1. Mai 1974 zeigt auf, dass 16 assoziative Begriffe 79 mal aufgeführt werden (Gemeinschaft, Zusammenarbeit, Gleichheit, Gesetz, Gerechtigkeit, gegenseitige Abhängigkeit, Recht- und Billigkeit, Mitbestimmung, Unterstützung, Harmonie usw.), während 10 Begriffe im Bereich der Ablösung oder des Konflikts nur 19 mal erscheinen (Souveränität, Abweichung, Emanzipation, Selbstbestimmung, Integrität, Befreiung, usw.)».

23. M. Foucault, *Überwachen und Strafen,* Frankfurt a.M., stw S. 154.

Entwicklungspolitik zwischen Sackgasse und Hirngespinst

*von Gérald Berthoud**

Hört man gewissen Verfechtern einer Moderne zu, die den Anspruch stellt, weltweit die Wahrheit gepachtet zu haben, dann gibt es nur einen sinnvollen Leitspruch: «Völker der Dritten Welt, Ihr braucht noch ein wenig mehr Westen, um Euch selbst zu werden!» (Bruckner 1983: 261). Das Heil der sogenannt unterentwickelten Welt hängt also nach Meinung dieser Leute von einer schwierigen, aber absolut unumgänglichen Metamorphose ab. Dieser Standpunkt wird zweifellos von den meisten Entwicklungsfachleuten aller Schattierungen vertreten. Die Behauptung, es gebe eine Analogie zwischen unserer Vergangenheit und der gegenwärtigen Situation der Länder der «Dritten Welt», gründet auf einer Argumentation, die ob ihrer augenscheinlichen Selbstverständlichkeit unwidersprochen bleibt.

So kann man in einer breit gestreuten Studie, die in deutscher und französischer Sprache erschienen ist unter dem Titel *Hilfe ohne Almosen — der Beitrag der Schweizer Wirtschaft an die Entwicklung der Dritten Welt* folgende einleitende Bemerkung lesen: «Auch die Schweiz war einst ein unterentwickeltes Land... Unsere Erfahrungen können nützlich sein.» (Wirth 1980: 9). Gemeint sind zum Beispiel die katastrophalen Überschwemmungen in Jahre 1816, die Verwüstung der Ernten, das Fehlen von Reserven und die folgende Hungersnot.

«Damals», so liest man weiter, «wurde der Schweiz ebenfalls grosszügig Hilfe gewährt: Alexander I., der Zar von Russland, liess unserem Land 100'000 Silberrubel zukommen; damit wollte er seine Freundschaft mit der Schweiz bezeugen, die aus den engen Bezie-

---

* Professor am Institut für Anthropologie und Soziologie der Universität Lausanne.

hungen entstanden war, die er mit Frédéric de la Harpe, seinem ehemaligen Hauslehrer, geknüpft hatte. Es war das, was wir heute humanitäre Hilfe nennen...» (1980: 9). Logische Schlussfolgerung aus solch einer irreleitenden Analogie: «Der aktuelle Reichtum der Schweiz, der uns vor solchen Katastrophen bewahrt, ist alles andere als ein Geschenk der Natur. Im 19. Jahrhundert kennzeichnete unser Land eine ähnliche Armut, wie wir sie heute in den Entwicklungsländern antreffen.» (1980:9). Die Lektion, die aus einem solchen Vergleich zu ziehen ist, scheint offensichtlich eine reine Frage des «gesunden Menschenverstandes» zu sein, dieser heimtückischen Falle, der wir auf den Leim gehen, sobald wir beginnen, vergleichende Überlegungen über die Gesellschaften und ihre Kulturen anzustellen. So lesen wir in derselben Studie denn auch weiter: «Der Weg, den die Schweiz gegangen ist, um vom Stadium eines unterentwickelten Landes zu dem des Industrielandes zu gelangen, weist eine Reihe von Analogien auf zur Situation, wie sie die Länder der Dritten Welt kennen. Sicher muss jedes von ihnen seinen eigenen Weg gehen, aber man muss auch zugeben, dass die Kenntnis unserer eigenen Erfahrungen ihnen von Nutzen sein kann». (1980; 12).

Diese äusserst ethnozentrische und evolutionistische Art, die Geschichte der Gesellschaften darzustellen, zeigt anschaulich die Stärke unserer ökonomischen Ideologie. Natürlich erscheint unter diesem Blickwinkel die Entwicklung als weltweite Ausdehnung des maschinellen Zeitalters und der industriellen Produktion. Eine sicher irreversible Entwicklung, die aber die gesamte Menschheit mehr und mehr herausfordert und ihr Ueberleben infragestellt.

An sich setzt diese technische Realität — wenn man nicht einem strengen Determinismus verfällt — nicht eine hinsichtlich ihrer Institutionen, ihrer individuellen und kollektiven Praktiken und ihrer grundsätzlichsten Werte ganz bestimmte Gesellschaft voraus. Dennoch berücksichtigen die meisten Verlautbarungen zu den «Problemen der Entwicklung» diesen Umstand keineswegs und beschränken sich auf rein materielle Erwägungen. Sogar wenn sie die «soziale und kulturelle Problematik» berücksichtigen, betonen sie doch, meist mit Nachdruck, die zahlreichen Hindernisse, die aus «irrationellen» sozialen Praktiken und Mentalitäten herrühren. Das heisst, wenn die Entwicklung direkt als Transfer technischer Mittel und Kenntnisse zu charakterisieren ist, wird offenbar als selbstverständlich angenommen, dass solch eine materielle Umwandlung von entsprechenden sozialen und kulturellen Veränderungen begleitet werden muss, die sich nach dem Vorbild richten, das wir darstellen.

Wir können nur dann aus diesem Zwiespalt und dieser Sackgasse herausfinden, wenn wir die Entwicklung als Prozess betrachten, der die marktwirtschaftlich-industriellen Gesellschaften untrennbar mit den andern verknüpft. Diese Verbindung aufzulösen erfordert eine klare Sicht und Beurteilung unserer Moderne und ihrer Entstehung in den vergangenen Jahrhunderten, aber auch Kenntnis der andern Gesellschaften in ihrer konstitutiven Tradition. Nur unter solch einer ganzheitlichen Betrachtung hat der Begriff «Entwicklung» überhaupt eine Chance, anders erhellt zu werden als unter der Voraussetzung seiner universellen Selbstverständlichkeit.

Verleiht man dem Begriff diese umfassende Bedeutung, kann man «Entwicklung» in ihrer jüngsten Phase — als nächste Etappe nach der Kolonialzeit — als Prozess umschreiben, der darauf abzielt, in der ganzen Welt eine Lebens- und Handlungsweise zu verbreiten, die auf den universalistischen und individualistischen Werten gründen, die dem modernen Westen eigen sind. Anders ausgedrückt: Ziel einer «gelungenen» Entwicklung ist es, im tiefsten Wesen eines jeden Menschen den homo oeconomicus, der in erster Linie sein persönliches Interesse zu verwirklichen sucht, im wahrsten Sinne des Wortes zu produzieren. Solch eine Produktion erfordert die Zerstörung der verschiedenen festgefügten Netze des Zusammenlebens, weil sie in den meisten Fällen dem Wettlauf um die materielle Bereicherung hinderlich sind. Jegliche Beziehung ist von nun an den individuellen Interessen unterworfen.

Diese Zerstörung geht umso leichter vor sich, als die sozialen Beziehungen in Form von Gemeinschaften oder Hierarchien uns nach den Kriterien unserer Moderne als mehr oder weniger schwerwiegende Beeinträchtigung individueller Rechte wie Freiheit und Gleichheit erscheinen.

Die Freiheit ist oft in erster Linie ausschliesslich die Freiheit der Marktwirtschaft. Die Gleichheit, so utopisch und fiktiv sie auch sein mag mit ihrer Proklamierung, dass jeder Mensch gleich viel wert sei wie ein anderer, muss in gewisser Weise als Köder herhalten im Hinblick auf die Aufhebung der vielfältigen religiösen, ethnischen und anderen Unterschiede, damit die Bahn frei wird für den ungebremsten Wettlauf um die Anhäufung von Reichtum. So wird es möglich, die Ansicht zu vertreten, dass jeder kraft dieser formellen Gleichheit seine Chance wahrnehmen kann, seine «Lebensbedingungen», wie es Adam Smith nennt, zu verbessern — eine Ansicht, die bis heute weit verbreitet ist.

Dieser Hintergrund von Freiheit und Gleichheit, auf den sich die Entwicklung zumindest implizit stützt, verweist auf den Glauben an eine menschliche Natur, die grundlegend überall und zu allen Zeiten identisch ist. Unter diesem Blickwinkel erscheint die Entwicklung als letztes Stadium einer evolu- tionär fortschreitenden Geschichte der Menschheit auf das Ziel hin, eine angebliche Übereinstimmung der Institutionen im allgemeinen und der menschlichen Natur herzustellen. Um dieses Ziel zu erreichen, gibt es dann folgerichtig nur einen einzigen Weg: den der materiellen Beherrschung der Welt, damit jedes Individuum seinen Wohlstand steigern kann. Wie uns der gegenwärtige Zustand der «Dritten Welt» zeigt, wird dieses Ziel, obwohl es für die meisten Menschen einen tragischen Irrtum darstellt, mit autoritären, wenn nicht gar totalitären Mitteln zu erreichen versucht, die an die Errichtung der marktwirtschaftlichen Gesellschaft im Westen erinnern.

Die Moderne, die sich in den Abhandlungen und in den praktischen Aktionen der Entwicklungsarbeit ausdrückt, bringt also eine Zersplitterung der Verwandtschafts-, Nachbarschafts- und Dorfgemeinschaften mit sich und führt, zumindest theoretisch, zur Befreiung des Individuums, aber auch, und dies in viel konkreterer Weise, zur generellen Auflösung der Netze der Solidarität in schwierigen oder gar dramatischen persönlichen oder kollektiven Situationen. Mit der Entwicklung wirken die Werte, die der Moderne eigen sind, auf eine *andere* und nicht nur auf eine «weniger fortgeschrittene» Welt ein, wie der «gesunde Menschenverstand» oft meint. Diese Welt ist anders in sozialer, kultureller und institutioneller Hinsicht; und man muss sich eben dieses Andersseins entledigen, um den Erfolg einer Entwicklung zu gewährleisten, die als doppelter Prozess der Industrialisierung und der Merkantilisierung verstanden wird.

Tatsächlich führt diese erzwungene Umwandlung von Gesellschaften, die traditionell ausserhalb des marktwirtschaftlichen Systems standen, zu mehr oder weniger explosiven Mischstrukturen, weil sie — wie gesagt — einen meist relativ intakten sozialen und kulturellen Zusammenhalt zerstört, ohne ihn durch wirklich andere Netzwerke sozialen Zusammenlebens zu ersetzen. So läuft beispielsweise die Erringung der Individualität bei den Vertretern der herrschenden sozialen Klassen überall in der «Dritten Welt» über die verschiedensten Formen der Spekulation, der Anhäufung von Reichtümern, der übertriebenen Verschwendungssucht und der provozierenden Protzerei und Zurschaustellung des Reichtums. Kurz, der grösste Erfolg der Entwicklung besteht wahrscheinlich in diesem unglaublichen Wuchern eines hedonistischen, einer verschwindenden Minderheit vorbehaltenen Kapitalismus. Ist diese Situation nicht das Ergebnis einer Zerrüttung — unter dem Eindruck des Schocks der Moderne — von Werthaltungen und Handlungsweisen, die zwar stets so oder so auf Prestige, Ansehen und Autorität ausgerichtet, aber in der traditionellen Gesellschaft untrennbar mit einer gewissen Umverteilung des Reichtums verknüpft waren?

Trotz dieses explosiven Ungleichgewichtes zwischen Begüterten und Armen explodiert die Gesellschaft nicht, weil der Staat, einer der Eckpfeiler der Moderne neben dem Markt, dies durch seine Präsenz verhindern kann.

In einer Gesellschaft mit einer sekundären Handelstradition spielt der Staat als oberstes Kontrollorgan eine bedeutende Rolle beim Versuch der Modernisierung.

So zielen beispielsweise die Inhaber der politischen Macht eines «Dritt-Welt»-Staates darauf ab, eine künstliche Einheit herzustellen und sperren sich deshalb mit aller Macht gegen die Forderungen nach Anerkennung kollektiver Identität vor allem in ethnischer Hinsicht, weil sie den partiellen Identitäten, die sie als grösstes Hindernis beim mühsamen Aufbau eines Nationalstaates und einer Marktwirtschaft betrachten, eine nationale Identität entgegenstellen wollen. Der Versuch, eine nationale Identität aufzubauen, kann in keiner Weise in Uebereinstimmung gebracht werden mit einer Ausweitung oder Vermehrung lokaler, regionaler, ethnischer und anderer Einheiten. Die Nation gleicht sich einem riesigen Markt an, der sich auf ein Zusammenleben formell freier und gleicher Individuen stützt, die von jeglicher ethnischer oder anderer Verpflichtung entbunden sind. Das Kennzeichen einer solchen Nation wäre ihre Homogenität und ihre Gleichförmigkeit. Aber natürlich nur aus idealisierender Sicht. Denn zahlreiche Staaten der «Dritten Welt» haben keine Skrupel, ihre Völker mit Gewalt auf den Weg einer solchen Änderung zu zwingen. Ein ganzes Phrasengebäude der internationalen Bürokratie versucht, die staatlichen Gewaltmassnahmen hinter schmeichelhaften Reden an die Adresse der Staatsmänner zu vertuschen, die völlig skrupellos sind in der Wahl der Mittel, mit denen sie ihr Ziel zu erreichen versuchen.

So ist es nach den Worten, die der Direktor der UNESCO anlässlich der 21. internationalen Generalversammlung in Belgrad an den Präsidenten Guineas, Sékou Touré, richtete, möglich, von «einer endogenen Entwicklung» zu sprechen, «die in den lebenden Traditionen eines jeden Volkes verankert und von seinem eigenen Wertsystem geleitet ist und die Wirtschaft in die Gesamtheit der Lebensbereiche integriert». Diese Worte sind absolut nichtssagend. Sie verschleiern eine Wirklichkeit, die nichts als Elend und Schrecken ist, und erfüllen eine klare ideologische und politische Funktion.

Und was soll man halten von der Erklärung von Mexico im Jahr 1982 über die Kulturpolitik, die festhält, dass «jede Kultur eine einzigartige und unersetzliche Gesamtheit kultureller Werte darstellt, weil jedes Volk durch seine Traditionen und durch seine Ausdrucksformen auf vollendete Weise seine Gegenwart in der Welt manifestieren kann. Die Bestätigung der kulturellen Identität trägt also bei zur Befreiung der Völker»…? Auch diese Rede dient der Staatsgewalt. Von allen möglichen kulturellen Identitäten wird nur eine einzige angestrebt: diejenige, die den Staat konsolidiert, das heisst, die nationale Identität. Nun ist aber die Einheit der Nation ohne allgegenwärtigen Markt sehr oft nur eine Illusion; sie ist in erster Linie ein Köder, um die Leute glauben zu machen, dass der Staat die manifeste Verkörperung eines gesellschaftlichen Ganzen ist.

Auch in Kreisen der Entwicklungsfachleute werden ähnliche Standpunkte vertreten. Auf verlogen-naive Weise will man uns das Einmaleins der Entwicklung, als umfassende Verwestlichung der Welt und ihrer vielfältigen Werte und Traditionen, schmackhaft machen. Aber: kann man denn tatsächlich gleichzeitig das «Recht auf Entwicklung» und das «Recht auf den Unterschied» fordern, ohne in ein leeres Geschwätz zu verfallen?

Denn, wenn die Entwicklung grundsätzlich im Aufzwingen universalistischer Werte — und somit der entsprechenden Institutionen — besteht, dann ist eine wirkliche Aufrechterhalung der unterschiedlichen kulturellen Identitäten langfristig einfach nicht möglich. Dort, wo der homo oeconomicus nicht die Oberhand gewinnt; wo die Netze der Solidarität nicht zu rein funktionellen Beziehungen verkümmert sind, ist das Scheitern der «Entwicklung» offenkundig, auch wenn die technischen Erneuerungen weitgehend assimiliert werden. Die Rückschläge in der praktischen Entwicklungsarbeit können also den Fortbestand einer lebenden Gemeinschaft bedeuten. Aber im allgemeinen ist dies selten der Fall. Viel häufiger lassen sich die Fehlleistungen der Entwicklungsarbeit an der Auflösung eines gesellschaftlichen Ganzen bis zu seiner kulturellen Vernichtung messen. Der Vergleich mit dem Kolonialismus oder gar mit dem Aufschwung des Kapitalismus im 19. Jahrhundert macht es möglich, das Ausmass der durch die Entwicklung verursachten Zerstörung besser zu erfassen. Sicher, wenn man Parallelen zieht zwischen drei geschichtlichen Phänomenen, die zu unterschiedlichen Zeitpunkten auftraten und von denen sich eines innerhalb der westlichen Gesellschaft abspielt, geht man das doppelte Risiko ein, eine Realität auf eine andere zu projizieren und das Ganze durcheinander zu bringen. Es geht aber hier nicht um einen eigentlichen Vergleich, bei dem man die Ähnlichkeiten und die Unterschiede aufdecken würde, sondern um etwas Bescheideneres: eine solche Parallele erlaubt uns, die Gewalt, die die «Entwicklung» notwendigerweise mit sich bringt, besser zu verstehen.

In umfassenderem Sinn ermöglicht die Untersuchung, wie der homo oeconomicus in Europa seit dem 16. Jahrhundert unter der Kontrolle des Staates herausgebildet wurde, sowohl die Phase des Kolonialismus als auch die der Entwicklung gründlich zu durchleuchten.

Vor mehr als vierzig Jahren schon stellte Polanyi vergleichende Betrachtungen an zwischen dem Kapitalismus des 19. Jahrhunderts und dem Kolonialismus. Wenn er Parallelen zieht zwischen den beiden geschichtlichen Phänomenen, unterscheidet sich dies grundsätzlich von der Analogie, die vom Gemeinplatz «Wir waren auch unterentwickelt» ausgeht, weil seine Überlegungen auf einem kritischen Ansatz beruhen. Für Polanyi ist «die elementare Kraft des kulturellen Zusammenpralls, der gegenwärtig die kolonisierte Welt aus den Fugen hebt, dieselbe, die vor einem Jahrhundert die traurigen Szenen am Anfang des Kapitalismus verursacht hat» (1983: 214). Er vergleicht die Armen im England des 19. Jahrhunderts mit den «erniedrigten, ihrer Stammesgemeinschaft beraubten Eingeborenen der Kolonialzeit» (1983:377).

Um diese zwei Momente der Geschichte zu kennzeichnen, braucht Polanyi verschiedene Ausdrücke, die alle dieselbe Idee wiedergeben: die Vorstellung einer brutalen Zerstörung der Lebensweise der Bauern und der zur Arbeiterklasse degradierten Handwerker im industriellen und marktwirtschaftlichen Europa einerseits, und der Gesellschaften, die zu Opfern des kolonialistischen Einbruchs wurden, anderseits. Unter diesen Ausdrücken möchten wir die des «zerstörerischen kulturellen Zusammenpralls», des «kulturellen Zerfalls», der «kulturellen Katastrophe», der Kultur, die «sich desintegriert ohne dass sie durch ein anderes zusammenhängendes Wertsystem ersetzt wird», oder gar der «Zerschlagung der Institutionen» hervorheben (siehe 1983:212-216 und 378-381). Mit seiner nachdrücklichen Betonung der kulturellen oder institutionellen Gesamtheit prangert Polanyi den Ethnozentrismus an, der charakteristisch ist für die «ökonomistische oder für die liberale Voreingenommenheit» (siehe 1983:214,217 und 377), das heisst, die Beurteilung jeder sozialen Situation unter dem Blickwinkel der Werte, die der Ökonomie des laisser faire eigen sind. Sogar die Kritik, die die Ausbeutung aufs Korn nimmt, bleibt gefangen in der «ökonomistischen Voreingenommenheit». Für Polanyi ist ganz klar «nicht die wirtschaftliche Ausbeutung, wie oft angenommen wird, sondern die Zersetzung der kulturellen Umwelt des Opfers die Ursache der Erniedrigung» (1983:212). Oder anders ausgedrückt: «gerade dieser beharrliche Hinweis auf die Ausbeutung verleitet uns dazu, die Augen zu verschliessen vor dem noch schwerwiegenderen Problem des kulturellen Zerfalls (...). Die Katastrophe, die die eingeborene Gemeinschaft erleidet, ist eine direkte Folge der brüsken und gewaltsamen Zerschlagung der grundlegenden Institutionen des Opfers (ob tatsächlich physische Gewalt angewendet wird in diesem Prozess, scheint überhaupt nicht erheblich zu sein)» (1983:214-215). Dieser Unterschied zwischen wirtschaftlicher Ausbeutung und kultureller Zerstörung wird von Polanyi stichhaltig dargestellt am Beispiel der Indianer Nordamerikas, die als Modellfall genommen werden, um zu zeigen, wie zutreffend diese Unterscheidung ist. So wurde mit dem allgemeinen Siedlungsgesetz *(General Allotment Act)* von 1887 eine Annahme der Institutionen und der Werte unseres ökonomischen Weltbildes erzwungen, die zum Verlust der traditionellen Lebensweise der Indianer führte. Keine Spur von Ausbeutung bei dieser radikalen Umstellung. Im Gegenteil: die Privatisierung des Gemeinschaftslandes sollte zur Integration und die Assimilierung der Indianer in die US-amerikanische Nation als freie und gleiche Individuen führen. Um dieses Ziel zu erreichen, musste das soziale und kulturelle Anders-Sein der Indianer aufgehoben werden. Diesen Standpunkt vertrat beispielsweise ein Minister der US-amerikanischen Regierung gegen Ende des 19. Jahrhunderts, als er der Indianerpolitik seiner Regierung folgende Aufgaben zuteilte: «Die Indianer mit den Erfordernissen der Zivilisation vertraut machen, indem man ihnen Bildung anbietet; sie zum Arbeiten bringen (...) und in ihnen schrittweise Verantwortungssinn wecken, indem man ihnen den Privatbesitz zugänglich macht (...); schrittweise den Zusammenhalt ihrer Stämme auflösen und sie mit dem politischen Körper der Nation verschmelzen als unabhängige und verantwortungsbewusste Menschen, denen die gleichen Rechte zustehen wie den andern Bewohnern dieses Landes» (Delanoe 1982:150).

Diese Unterscheidung zwischen wirtschaftlicher Ausbeutung und kultureller Zerstörung rührt eigentlich von zwei unterschiedlichen Arten her, die Welt zu sehen und auf sie einzuwirken. Auf der einen Seite haben wir die ökonomische Sprache, die von der Idee des *Lebensstandards* ausgeht, wobei das Individuum als wichtigste Einheit im Zentrum der Analyse steht. Dieses Vorgehen ist als methodologischer Individualismus zu bezeichnen. Auf der andern Seite steht der globalisierende oder totalisierende Ansatz, auch soziologischer, kultureller oder institutioneller Ansatz genannt. Man spricht in diesem Zusammenhang auch vom methodologischen Holismus. Hier steht die *Lebensweise* in ihrer Gesamtheit im Mittelpunkt der Betrachtung.

Nun kann man sich Entwicklung auf theoretischer und praktischer Ebene kaum losgelöst von der ökonomischen Sprache vorstellen — das gilt sogar für Ansätze, die eine kritische Position einnehmen gegenüber der orthodoxen Entwicklungsideologie. So bleiben auch angeblich neue Anlaufversuche rund um vage Begriffe wie den der «Grundbedürfnisse» in der Logik der ökonomischen Vernunft gefangen.

Wenn die Entwicklungsfachleute als solche nicht umhin können, völlig mit der individualistischen und ökonomischen Ideologie verhaftet zu sein, muss man dann denken, es sei völlig sinnlos, weiterhin grundsätzliche Fragen zum Thema Entwicklung aufzuwerfen? Vielleicht, wenn die Zerstörung des kulturellen Anders-Seins wenigstens durch materiellen Erfolg entschädigt würde. Aber die Entwicklungsexperten müssten sich angesichts der Tragödie, die die «Dritte Welt» aus den Fugen hebt, dringend von einer allzu weit verbreiteten Mentalität von Funktionären des Wissens befreien und sich auf den schwierigen Weg der kritischen Reflexion wagen. Dann würde es ihnen vielleicht gelingen, ihre eigene Gesellschaft — und somit sich selbst — ein wenig auf Distanz zu sehen, um sie infrage stellen zu können und in ihr die tieferen Ursachen der Sackgasse zu sehen, in die die ganze Welt geraten ist.

Auch dafür wäre ein klares Bewusstsein der kulturellen und institutionellen Hintergründe unserer Gesellschaft vonnöten. Nun ist aber nichts schwieriger zu erreichen als eine diesbezügliche Übereinstimmung, weil die Standpunkte der angesehensten Denker soweit auseinandergehen. So ist nach vorherrschender Ansicht — am extremsten bei so bekannten ultraliberalen Ökonomen wie von Mises, Hayek oder Friedman — die Marktwirtschaft die einzige institutionelle Wahrheit, die der «menschlichen Natur» angemessen ist. Von dieser Warte aus gesehen, ist jeglicher Misserfolg auf dem Weg der Modernisierung und der Entwicklung die unausweichliche Folge verschiedener interventionistischer Massnahmen, die die angeblich natürliche Bewegung des Marktes aus dem Gleichgewicht brächten.

In seinem Werk *Reichtum und Armut,* das in den Vereinigten Staaten grosse Beachtung fand, scheut sich Gilder nicht, als Erklärung für die «Ursprünge der Armut» folgende Behauptung aufzustellen: «In der Vergangenheit haben alle ethnischen Gruppen Nordamerikas die Armut nur überwunden, indem sie Englisch gelernt und sogar ihre eigenen Sprachen vergessen haben. Heute aber werden die armen Ausländer aus ethnischem Stolz, besonders im Fall der spanischen Kultur, in der Sprache ihrer Herkunft unterrichtet (...) Alle Gruppen, die es in der nordamerikanischen Geschichte zu etwas gebracht haben, verdanken dies ihrer fleissigen Arbeit: sie schufteten mehr und nahmen in Kauf, zunächst weniger zu verdienen.» (1981:78).

Bei Polanyi und andern dagegen wird dieselbe Realität radikal anders interpretiert: Der sich selbst regulierende Markt des 19. Jahrhunderts war eine gefährliche Utopie. Die protektionistische Bewegung erscheint demnach als Akt der Selbstverteidigung der Gesellschaft gegen ihre mögliche Desintegration.

Nun ist, wie es Polanyi mit Nachdruck festhält, «die Frage, welcher dieser beiden Standpunkte der richtige ist, vielleicht das grösste Problem der jüngsten Gesellschaftsgeschichte, weil sie nichts weniger als eine Entscheidung bedeutet gegenüber dem Anspruch des ökonomischen Liberalismus, das grundlegende organisatorische Prinzip der Gesellschaft zu sein» (1983:192).

Wenn die Wahrheit in der ersten Perspektive, der der Naturgegebenheit des Marktes und der Universalität seiner Sprache, liegt, dann sind die Weichen für die Entwicklung gestellt: Man muss «entwickeln», um die Voraussetzungen für einen echten Wettbewerb unter den Individuen, den Regionen und den Ländern zu schaffen, in der Hoffnung, für die Mehrzahl der Beteiligten Chancengleichheit zu erreichen.

Wenn umgekehrt der Markt eine rein kulturelle historische Konstruktion ist, dann ist die Entwicklung die globale Ausdehnung eines spezifischen Gesellschaftssystems und führt zu explosiven Verhältnissen des Ungleichgewichts. Deshalb muss in allererster Linie über Entwicklung nachgedacht und nicht einfach gehandelt werden. Das ist zweifellos ein Standpunkt gegen den Strom. Gegen ihn stemmt sich unter anderem die Faszination, die unser materieller Überfluss auf die Ärmsten ausübt, auf die Menschen, die unseren Lebensstandard nie erreichen, uns nie gleich sein werden und deshalb dazu ver dammt sind, die Masse der Ausgeschlossenen überall in der Welt zu vergrössern.

Über die Entwicklung nachzudenken wird deshalb zu einer schwierigen Aufgabe, zu einer unbequemen intellektuellen Praxis. Und dennoch sollten wir eine solch grundlegende In fragestellung als lebensnotwendige Aufgabe betrachten.

Wenn es das Elend nicht gäbe, müsste man es erfinden

Überlegungen zum «Wohlstand» als ethnozidäres Konzept

von Serge Latouche*

> «Die Menschen des l8. Jahrhunderts
> kannten kaum diese Art Leidenschaft
> für den Wohlstand, die die Knechtschaft gebiert,
> eine kraftlose und dennoch hartnäckige
> und unerschütterliche Leidenschaft...
> eine Leidenschaft, die die Ehrbarkeit ermöglicht,
> das Heldentum verteidigt und gleichzeitig
> bestens dazu angetan ist,
> aus den Menschen brave Kleinbürger
> und feige Kriecher zu machen.»
>
> A. de Tocqueville
> L'ancien Régime et la Révolution

I

lm «Entwicklungskuchen» ist die Kritik an einer gewissen Form der Entwicklung in den letzten Jahren zum Gemeinplatz geworden. Praktisch alle Experten haben Selbstkritik geübt. Man hat die «Fehlentwicklung» in all ihren Formen angeprangert und alle Entwicklungsstrategien schonungslos zerfleddert. Und dennoch hat diese Bewegung, in der jeder seine Sünden — und vor allem die des Nachbarn — geisselt, weder dazu geführt, die Entwicklung an sich infrage zu stellen, noch die Schädlichkeit *jeglicher* Form des Pater-

* Professor für politische Ökonomie an der rechtswissenschaftlichen Fakultät der Universität Lille II und am Forschungsinstitut für wirtschaftliche und soziale Entwicklung an der Universität von Paris I

nalismus, von welcher Seite er auch ausgeht, bekannt zu machen. All die ordnungsgemäss registrierten, ehrlich dargestellten und genauestens analysierten Fehlschläge haben den Glauben, dass es eine *gute* Enntwicklung und *gute* Experten *gibt,* nicht erschüttern können.

Man erkennt alle negativen Auswirkungen der Fremdinterven tionen in der Dritten Welt, sei es der Kolonisation — was selbstverständlich ist — oder der bilateralen oder multilateralen, finanziellen oder technischen Hilfe. Aber man meint immer noch, es brauche nur eine *gute* Hilfe, um die Schäden zu beheben, die durch Eingriffe der ersten Art verursacht wurden. Diesen Standpunkt vertrat bereits Las Casas vor vierhundert Jahren....: Spanien, so sagte er zu Karl V., muss in Mexico bleiben, um die Wunden, die durch die Konquis tadoren geschlagen wurden, zu heilen. Die Dauer des Experi ments war zu kurz für einen endgültigen Beweis, aber es ist unschwer abzusehen, dass das Heilmittel das ursprüngliche Übel nur verschlimmert hat...

Der gutgemeinte Humanismus, der die Unmenschlichkeit einer bestimmten Technokratie anprangert, verstärkt *in fine* die grossen Gründungsmythen des Totalitarismus der Technokratie, weil er den Eindruck erweckt, dass die Fehlschläge der Technik nur durch noch mehr, beziehungsweise durch eine *andere* Technik wieder gut zu machen und die Fehlleistungen der Experten nur durch den Beizug anderer Experten zu korrigieren sind. Unabhängig davon, wie gutgemeint eine solche *Selbstrechtfertigung* ist — ihre Mechanismen müssen unermüdlich immer wieder aufgedeckt werden. Das Begriffspaar «Elend-Wohlstnd» stellt die unerschütterliche Grundfeste des Mythos «Entwicklung» dar, weil es ihm scheinbar objektive Grundlagen verleiht und ihm sogar eine natürliche Begründung liefert. Die klassische Definition der Entwicklung als Akkumulierung der Produktivkräfte, die den Zugang zum Massenkonsum ermöglichen, verweist auf eine objektivistische Konzeption des Wohlstands, die gesellschaftlich konstruierte Werte als naturgegeben darstellt. Diese Objektivierung setzt eine von den Bedürfnissen ausgehende Anthropologie voraus, die ihre extremste Ausdrucksform im Umgang mit Hungersnöten findet. Der Mensch wird tatsächlich in erster Linie, wenn nicht gar ausschliesslich, als ein Produkte verbrauchendes Tier aufgefasst; und der Vebrauch wird nach dem Vorbild der Ernährung konstruiert. Statt davon auszugehen, dass es die Kultur ist, die (zufällig) das biologische

Überleben der Art ermöglicht, meint man, es sei umgekehrt das Überleben, das die symbolische *Superstruktur* bestimme. Dieser Ansatz ist «objektiv», weil sich die Entwicklung in erster Linie an den greifbaren, auffindbaren, vergleichbaren und berechenbaren «Dingen» bemisst; er ist auch insofern humanistisch, als er dadurch, dass er davon ausgeht, der Mensch sei ein mit Bedürfnissen versehenes Tier, die Einhsitlichkeit des menschlichen Geschlechts (allerdings als biologische Art...) und die universelle Brüderlichkeit bestätigt. Unter seiner scheinbaren Unschuld verbirgt dieser Ansatz einen infernalen Mechanismus der ethnozidären Herrschaft. Die Betroffenheit angesichts des Elendes und des Hungers, die als Schauspiel herhalten müssen, rechtfertigt jeglichen Eingriff in der Dritten Welt, ob es sich nun um Investitionen im Interesse der Multinationalen, um die janusköpfige Hilfe der Regierungen, um die Rosskuren des Internationalen Währungsfonds oder um den Paternalismus der Nicht-Regierungs-Organisationen (NGOs) handelt.

Mit welcher Behutsamkeit auch immer die Verantwortlichen vorgehen, und wie raffiniert auch immer sie um den heissen Brei reden — die Entwicklung und in der Folge auch die Unterentwicklung wird immer mit derselben universellen Elle bzw. mit demselben Index gemessen: am Bruttosozialprodukt bzw. Pro-Kopf-Einkommen.

Wird nicht der ganze Mensch und werden nicht alle Menschen auf das reduziert, was sie verbrauchen, wenn man ernsthaft den Ansatz der von den Bedürfnissen ausgehenden Anthropologie vertritt? Die andern Kriterien, die man gewöhnlich dem BSP *per capita* beifügt, sind willkürlich und missverständlich. Nur bezüglich dieses Indexes herrscht Übereinstimmung, und das mit gutem Grund. Er ist einfach, klar verständlich, synthetisch und praktisch. Alle kritisieren ihn, niemand lehnt ihn ab und niemand denkt auch nur entfernt daran, nicht davon Gebrauch zu machen. Nehmen wir ihn doch ein wenig unter die Lupe: er ist durch seine augenscheinliche Objektivität (er ist auf neutrale und unparteiische Weise quantifizierbar) mitbeteiligt an der grossen Mystifizierung der Unterentwicklung. Jedermann weiss, dass entwickelt sein heisst, «wie ein durchschnittlicher US-Amerikaner leben». Das ist der Wunschtraum und die Idealvorstellung aller Habenichtse des Planeten. Also ist es nur gerecht, dass der Index für die Entwicklung in Dollars gemessen wird. Das beginnt bei 5'000 pro Jahr, und man steigt in die Hölle der Unterentwicklung hinab, sobald man die 3'000 Dollar-Grenze unterschreitet... Dazwischen liegt die Vorhölle der Halbentwicklung.

Wir wollen die Sache nicht über Gebühr vereinfachen, indem wir das unsichere Spektrum anderer Zeichen der Entwicklung der Produktivkräfte vernachlässigen. Die Anzahl verzehrter Kalorien, der Grad der Alphabetisierung und die Zahl der Ärzte per Quadratkilometer — alles Indices, die im übrigen stark mit dem Pro-Kopf-Einkommen korrelieren — haben nichts anderes zum Ziel, als die statistischen «Abweichungen» zu vertuschen und zeugen gleichzeitig von der Subtitlität der Experten. Gewisse skrupellose Länder schaffen es dank einer zufälligen Reichtumsquelle tatsächlich, sich in die Klasse der Privilegierten einzuschleichen. Allerdings ist diese Entwicklung nur vorübergehender Natur; der Wohlstand ist nur *Zufall*. So beispielsweise in den ölexportierenden Emiraten des Nahen Ostens: Auch wenn der stetige Strom der Tantiemen diesen Staaten erlaubt, abgesehen von einem sehr hohen Konsumniveau sich auch mit den äusseren *Zeichen* der Industrialisierung (vom Fabrikrauch bis zu den radioaktiven Abfällen) zu schmücken, so fehlt ihnen doch immer noch die Maschine, mit der man Moderne produziert.

Die kostspieligen Fabriken, die schlüsselfertig geliefert wurden, funktionieren nicht, wenn man nicht darüber hinaus phantastische Summen bezahlt, um die Voraussetzungen für ihr Funktionieren zu erwerben: Spezialisten, die damit umgehen können und Absatzmärkte. Statt dem Land Reichtum einzubringen, zehren sie diesen Reichtum auf absurdeste Weise auf. Der Potlatch (zur Definition siehe S. ++ in diesem Buch) bringt noch ganz andere Freuden... Die Experten machen sich da nichts vor... Eigentlich haben sie immer gewusst, dass hinter der Entwicklung etwas anderes steht als Quantitäten, aber man schien so nahe daran zu sein, das Geheimnis in Ziffern bannen zu können! Weil sie genau so «quantitativ» sind wie das Pro-Kopf-Einkommen, dessen Nebenprodukt sie sind, können die andern Kriterien der Entwicklung, die vorgeschlagen und verwendet werden, die wahrhaft pluralistischen Humanisten nur symbolisch befriedigen. Die Achse Entwicklung-Unterentwicklung ist eindimensional; sie verkörpert den unbestrittenen Imperialismus der ökonomischen Vernunft. Alle Länder können so nach einer strikt hierarchischen Ordnung eingeteilt und auf einer Kurve eingetragen werden dank dieses einhelligen Kriteriums. Rostow hat im Grunde nichts anderes getan als diese Feststellung zu einer ehrgeizigen Theorie zu erheben.

Wollen wir uns mit den Humanisten auf eine Kritik der Rechnungsführung einlassen? Wollen wir Krokodilstränen vergiessen über das sogenannte «Paradox der Köchin», dieses in Kreisen der Spezialisten vielzitierte karikaturhafte Beispiel, das besagt, dass jeder, der seine Köchin heiratet, das Bruttosozialprodukt senkt? Die Schwierigkeit, die tropische Sonne zu bewerten, den Reiz der Landschaften und das natürliche Gleichgewicht buchhalterisch zu erfassen oder den Wert der Selbstversorgung zu berechnen, machen dem guten Gewissen der Statistiker alle Ehre. Meinen wir es doch gut mit der Dritten Welt und berücksichtigen die Leistungen des Medizinmannes gemäss dem anerkannten Krankenkassentarif der Landärzte, und die Ethnologie-begeisterten Wirtschaftsstatistiker werden jubeln! Der ganze Reichtum oder die ganze Dürftigkeit einer Kultur (schon wieder ein ökonomisches Vokabular!) ist dann durch den Fleischwolf der Dollarmaschine gedreht. Diese Bewertung ist schlicht und einfach ethnozidär. Sie *verleiht* dem *Wert,* was in den Augen der betreffenden Kultur wertlos ist und kann auch beim besten Willen nicht erfassen, was für die «Eingeborenen» zählt. Dieses Nicht-Anerkennen des Andern trägt auf tragische Weise zu seiner Negation, das heisst, zu seiner schlichten Ausrottung bei. Es ist offensichtlich, dass mit dem Pro-Kopf-Einkommen, nur der Grad der Verwestlichung der Kulturen gemessen wird. Unter diesen Umständen kann man sich gerade so gut (oder besser noch) an die marktwirtschaftliche Produktion und an den monetären Sektor halten; das ist einfacher, zynischer, aber weniger verlogen.

Denn der «Reichtum» der traditionellen Sektoren ist schlicht und einfach *nicht in Dollars mess- und erfassbar.* Er verliert — wenn man es trotzdem versucht — seinen Sinn und wird lächerlich. Die bemalten Kupfergefässe der Kwakiutl in Belize zum Beispiel: sollen sie im BSP nach dem phantastischen Wert aufgeführt werden, den sie als Tauschobjekte zu Beginn des Jahrhunderts erzielten oder nach dem Gewicht des enthaltenen Metalls? Und die Tänze, die verborgenen Namen der Dinge, die bei gewissen Austauschprozessen eine Rolle spielen können — sollen sie von dem Moment an buchhalterisch erfasst werden, wo der Blick des Fremden aus ihnen endgültig ein Stück Folklore macht?

II

Wohlstand und Elend können nur deshalb objektiv erfasst und gemessen werden, weil ihre *Realität* in der Welt der Gegenstände definiert ist. Sie haben eine *materielle Substanz*. Was die Dollars messen, ist weder Macht, noch Glück, noch Symbole, sondern eine Summe *nützlicher* wirklicher Gegenstände, die produziert und geoder verbraucht worden sind. Die Materialität und die Nützlichkeit der westlichen Konsumgüter sind ein Mythos. Es kann sich gar nicht um eine natürliche und universelle *Grundlage* der für die unterschiedlichen Kulturen jeweils charakteristischen symbolischen Güter handeln. Das ist leicht aufzuzeigen anhand der Dienstleistungen, deren Substanz immateriell ist, gilt aber genauso für Waren. Die «Physikalität» der wirtschaftlichen Produktion ist schlicht und einfach «unbedeutend». Paradoxerweise ist die materielle Produktion nur im immateriellen Phantasiereich der ökonomischen Werte materiell. Die in physischer Hinsicht immateriellen Dienstleistungen werden zu Gütern in der Ökonomie. Die Entwicklung ist ein ganzes Bündel von *Dingen:* sie ist ein *Haben.* Der Wohlstand ist nicht in erster Linie ein Wohlergehen, sondern ein «Viel-Haben». Diese verbissene Austreibung der ethischen Werte oder zumindest ihre Verweisung in den Hintengrund oder auf den *zweiten* Rang, damit man zu reinen Fakten gelangt, müsste, so meint man, problematisch sein, sobald es sich um menschliche Gesellschaften handelt. Und doch hat die Wirtschaft das Gesellschaftliche schon längst verdinglicht. Sie ist sogar auf der Verdinglichung des Gesellschaftlichen aufgebaut. Die Nützlichkeit der Dinge, deren Subjektivität der Ökonom hochhält, beruht jedoch massgeblich auf der angeblichen Naturgegebenheit der Grundbedürfnisse. Die Unterentwicklung, die brutal das *Überleben* der Art zum Problem macht, ist also in gewisser Weise das wahre Gesicht der Entwicklung. Kratzt am Humanisten und Ihr findet schnell einmal das Tier! Dieses Tier ist es, das täglich seine 3'5OO pflanzlichen und tierischen Kalorien täglich braucht. Am idealsten wäre es, man könnte die Kalorien in Dollars um wandeln und *umgekehrt.* Mangels einer wissenschaftlichen Wesensbezuges zwischen Ökologie und Ökonomie muss die szientistische Poesie in die Bresche springen. Die ökonomische Mythologie macht aus dem *homo oeconomicus* ein unersättliches Tier, das materielle Substanz verzehrt. Das geht lückenlos von der Kalorie zum Haushaltgerät oder Mitbringsel: alles ist Energie und alles ist Dollar. Nur sind leider nicht alle Kalorien austauschbar, und nicht alle Dollars haben dasselbe energetische Potential... Ökonomisch ist die Verschmelzung der beiden Ebenen unmöglich. Aber dennoch geistert sie weiterhin als Irrlicht in den Köpfen herum.

III

Der Hunger, die *natürliche* Extremform des Elendes, spielt sowohl auf theoretischer als auch auf praktischer Ebene bei der Verankerung des Gegensatzpaares Entwicklung-Unterentwicklung in der Vorstellung des westlichen Kollektivgedächtnisses eine gewaltige Rolle. Sie bestärkt den Theoretiker in der Annahme, dass die Beseitigung der Werte, die die lebendigen Kulturen ausmachen, begründet ist. Die Krise Tausender vom Westen überfallener Gesellschaften der Dritten Welt wird zu einer objektiven und universellen Sache: zu *einem menschlichen Drama,* das heisst, zu einer Angelegenheit, die uns alle angeht, und zwar in *gleicher* Weise. Die Kampagnen gegen den Hunger tragen mehr dazu bei, den Mythos einer kulturellen Einheitlichkeit der Menschheit zu verbreiten als die Kanonengeschütze der Kolonialzeit. Die Einzigartigkeit des Menschseins liegt im Fehlen der Menschenwürde! Für jeden geschärften Verstand müsste die Gesundung der krisengeschüttelten Gesellschaften über die Wiederherstellung ihrer Kreativität und ihrer Würde laufen, deren Verlust dieses Elend überhaupt erst erzeugt hat. Aber dieses notwendige Rezept wird vom Humanisten unter den Tisch gewischt mittels des Schreckgespenstes des elenden Todes, das den massivsten chirurgischen Eingriff von aussen ohne den geringsten Respekt vor den kulturellen Werten der geschundenen Gesellschaften rechfertigt. «Die Würde», bemerkt Marie-France Mottin scharfsinnig, «figuriert in keiner Auflistung der Grundbedürfnisse»*.

Die unvoreingenommene Analyse des Ergebnisses dieser fiktiven In-Obhut-Nahme der Welt unter dem Eindruck des wirtschaftlichen Einflusses kann deren eigentliche Funktion aufdecken. Unter dem Deckmantel der Linderung der Not der sogenannten Benachteiligten wird eine äusserst strikte Hierarchie gemäss der Rangfolge der Bruttosozialprodukte *per capita* aufgestellt. Die Völker aus-

* Adam Smith, Der Reichtum der Nationen

serhalb der westlichen Industriegesellschaften werden bestenfalls zu Hilfeempfängern degradiert, schlimmstenfalls zu lebenden Toten. Der Hunger ist der letzte Akt eines Schwindeldramas. Das Schauspiel ist in dem Sinne perfekt inszeniert, als es für den Zuschauer praktisch unmöglich ist, seine Drahtzieher zu entlarven. Sicher kann sich die Ungleichheit der Menschen und der Länder in andern Zeichen als den des Hungers und des Elendes äussern. Aber Hunger und Elend sind eben besonders auffällige und eindrückliche Zeichen. Auch wenn die Hungernden ihren Hunger und ihren Tod nicht gleich erleben wie wir, so leiden sie doch *wirklich* Hunger und sterben *wirklich*. Auf emotionaler Ebene ist die Wirkung dieses «Schauspiels der Wirklichkeit» beachtenswert. Natürlich ist diese emotionale Betroffenheit, diese Erschütterung, ihrerseits kulturbedingt und -geprägt. Ein Hindu empfindet zweifellos nicht das geringste Bedauern oder Unbehagen beim Anblick seines verhungernden Nachbarn, während die Fernsehübertragung dieser Szene die guten Seelen des Westens in Ohnmacht fallen lässt — glücklicherweise im weichen Sessel zuhause! Diese «Gefühllosigkeit» des Hindu ist nicht nur auf die abstumpfende Wirkung der täglichen Gewöhnung an solche Szenen zurückzuführen sondern vielmehr einfach der Tatsache zuzuschreiben, dass der Tod, insbesondere der Tod im Elend, nicht denselben Stellenwert des höchsten Schreckens hat, den er im Westen erhalten hat. Die europäische Bourgeoisie hat tatsächlich aus der Beseitigung des gewaltsamen und elenden Todes eine der Hauptstützen ihrer Macht gemacht.

Die praktische Konsequenz der Tatsache, dass der Hunger zu sinem naturalistischen Drama hochgespielt wird, das man hinter sicheren Schranken verfolgen kann, ist die Aufrechterhaltung der bestehenden globalen Ordnung. Sind Elend, Anarchie und Hunger, die unsere Brüder im Süden heimsuchen, nicht der greifbarste und deutlichste «Beweis» dafür, dass die Arbeiter im Westen «die richtige Entscheidung» getroffen haben? Wenn die Dritte Welt unter den gegenwärtigen Umständen satt wäre, würden die globalen Machtverhältnisse und damit das sozio-politische System der westlichen Staaten destabilisiert. Die Grossmächte des Nordens wären nicht mehr das, was sie sind: eine kleine Minderheit auf der Erdkruste. Solange der skandalöse Reichtum des Nordens einhergeht mit dem unermesslichen Elend des Südens, verstärkt sich der Wunsch der Dritten Welt, die «Erfolgsrezepte» des Nordens zu übernehmen, laufend. — Ein gut geölter Teufelskreis: das, was das Elend erzeugt, wird für das einzige Mittel gehalten, sich daraus zu befreien...

IV

Eigentlich ist das Streben nach Wohlergehen nichts anderes als die besessene Suche nach etwas, das über das Sein hinausgeht. Alle Gesellschaften seit dem Neolithikum haben das Problem des Seins, der *Existenz,* dank ihrer Kultur ge- löst, sonst wären sie verschwunden — und zahlreiche Gesellschaften sind denn auch verschwunden... Sie haben auch sehr unterschiedliche Antworten gefunden auf die Frage des *Wesens* des Seins. Für den Menschen, der immer nach seelischer Erfüllung suchte, haben die traditionellen Organisationen verschiedenste, mehr oder weniger befriedigende Auswege gefunden, den Durst nach «Mehr-Wert» zu löschen. Der Potlatch, Kula, körperliche Kennzeichnungen usw. sind Ausdrucksformen dieser Suche. Die Akkumulierung materieller Produktionskapazitäten, die Antwort des Westens auf diese Suche, wäre eine genauso pittoreske und lächerliche Lösung wie die der andern Gesellschaften, wäre sie nicht *unbegrenzt.* Wie jegliches Streben nach Mehr-Sein ist diese Suche unersättlich. Der Konsum oder die angebliche Befriedigung der «natürlichen» Bedürfnisse ist nur ein Vorwand für die Akkumulierung. Die aber hat kein anderes Ziel als ihre unendliche Ausdehnung. Im Unterschied zu andern Gesellschaften hat es der Westen nicht verstanden, diesem hemmungslosen Wettlauf um die Macht «vernünftige» Barrieren zu setzen. Schritt für Schritt wird die ganze Menschheit zu diesem grossen Wettkampf eingeladen. Die Neuzuzüger am Tisch der internationalen Arbeitsteilung sind selbstverständlich diejenigen, die am schnellsten gerupft werden.

Der Wohlstand, der unter seiner verlogenen *epikuräischen* Gutmütigkeit des «Wohlhabens» eine unbegrenzte Herrsch- und Machtsucht verbirgt, wird zum Wunschtraum einer strukturlosen Masse, deren Werte verleugnet werden und deren Würde mit Füssen getreten wird. Das Elend drückt ihre Zerrüttung aus — vor unseren Augen, aber schlussendlich (und am Ende des Märchens, zumindest des Märchen Gilbert Rists) auch vor ihren Augen, denn sie haben in dieser Situation, in die wir sie gedrängt haben, keine anderen Augen mehr als unsere, mit denen sie sich sehen und ihre verlorene Ehre beweinen können. Das ist die zynischste Art, die mystifizierende Substanzverwandlung des Habens ins Sein zu inszenieren. Das Mehr-Haben wird *sichtlich* Wohlergehen, weil das Weniger-Haben fraglos ein Schlecht-Ergehen ist. Das Elend und der Hunger, die das Wesen des Seins auf die blosse Existenz reduzieren, begrenzen das Sein auf das Drama des Überlebens.

Die Gegensatzpaare «Wohlstand/Elend» und «entwickelt/unterentwickelt» sind unter ihrer scheinbar «objektiven» und quantifizierten Festlegung in Wirklichkeit genau die gleichen «Brandmarkungen» wie der Gegensatz «zivilisiert/wild», dessen Nachfolge sie angetreten haben. Es geht nach wie vor darum, sich selbst auf Kosten des andern Wert zu verleihen. Es ist ein symbolisches Herrschaftsinstrument, das den Einsatz der technischen Mittel einer konkreten Beherrschung rechtfertigt, und schliesslich seinerseits in der wunderbaren Entwicklung eben dieser Mittel seine Rechtfertigung findet.

Diese schändliche Farce nahm ihren Anfang nicht nach dem 2. Weltkrieg, als die guten Seelen der Vereinten Nationen per Dekret festlegten, dass sich das Drama der Dritten Welt «Unterentwicklung» nennt. Die politische Ökonomie hat ihre Scheinbezeichnungen dank der missbräuchlichen Identifizierung des «guten Wilden» und des «Elenden» seit ihrem Entstehen durchgesetzt. Afrika, Amerika und sogar Asien, das immer noch vom Reichtum Europas zehrt, werden so schulmeisterlich zum Elend verdammt. Die Theorie hat hier gegenüber der Praxis einen riesigen Vorsprung gehabt. «Zwischen dem Mobiliar eines europäischen Prinzen und dem eines fleissigen und ordentlichen Bauern», so schreibt Adam Smith, «ist der Unterschied wahrscheinlich weniger gross als zwischen den Möbeln dieses Bauern und denen irgendeines afrikanischen Königs, der über zehntausend nackte Wilde herrscht und als absoluter Herrscher über ihre Freiheit und ihr Leben verfügt»*.

Diese Bemerkung ist nicht zufällig; Man liest ähnliches bei Thomas Mun, John Locke, Bernard de Mandeville. Auch David Ricardo, John Stuart Mill und viele andere drücken sich so aus. So manifestiert die politische Ökonomie seit Anbeginn den Willen, im Leben nur die «Materialität» zu sehen, die als Quelle akkumulierbarer Befriedigungen wahrgenommen wird. Indem sie die westliche Me-

* Adam Smith, Der Reichtum der Nationen

taphysik der Trennung des Seins in Materie und Geist auf die Spitze treibt, reduziert die Ökonomie den kulturellen Pluralismus auf das einzige Kriterium des Lebensstandards. Die Lebensweise ist dann im Endeffekt nur noch eine Frage der Quantität. Oie weltweite Hierarchie, die daraus resultiert, bringt für den Weissen Rechte und Pflichten. Die zivilisatorische Mission des Westens hat also eine lange Tradition — und sie hat viele Gesichter: Von den Eroberern, Missionaren und Handelsleuten bis hin zu den Entwicklungsexperten. All diese Facetten des Interventionismus/ Paternalismus machen gemeinnsame Sache.

Unter all den Faktoren, die die Dritte Welt in die Unter-Menschlichkeit stürzen, stehen die «guten Gefühle» nicht an letzter Stelle. Dieser Art der Erpressung gilt es zu widerstehen. Wer den Wohlstand bringt, trägt stets mehr zur Negierung des Seins bei.

...empfehlen wir.

Maria Mies: **Patriarchat und Kapital,** Frauen in der internationalen Arbeitsteilung, 320 Seiten, engl. Broschur, Fr. 26.80/DM 28.80

René Bascopé Aspiazu: **Die weisse Ader,** Coca und Kokain in Bolivien, 144 Seiten, Fr. 16.80/DM 18.80

Paulo Collen: **«...und geben dir Spritzen bis du stirbst!»,** Erfahrungsbericht eines brasilianischen Strassenkindes, 144 Seiten, Fr. 15.–/DM 16.–

Anita Fetz/Florianne Koechlin/Ruth Mascarin: **Gene, Frauen und Millionen,** 3., erweiterte und überarbeitete Auflage 1988, 192 S., Fr./DM 17.80

Hanna Rutishauser: **Das Geländer,** Erzählungen, 144 Seiten, Fr./DM 18.– «Reihe Drachen» Band I, franz. Broschur

Martha Honey/Tony Avirgan/Georg Hodel: **Das Attentat von La Penca,** geheimer Krieg gegen Nicaragua, 224 Seiten, illustriert, Fr. 22.80/DM 24.80

Mario Benedetti: **Danke für das Feuer,** Roman aus und über Uruguay, 224 spannende Seiten, engl. Broschur, Fr. 24.80/DM 26.80

Roque Dalton: **Armer kleiner Dichter, der ich war,** Roman aus El Salvador, 512 starke dichte Seiten, engl. Broschur, Fr./DM 38.–

Miguel Angel Asturias: **Weekend in Guatemala,** 8 Novellen zum Sturz der Arbenz-Regierung in Guatemala 1954, 256 Seiten, Fr. 22.80/DM 24.80

René Depestre: **Der Schlaraffenbaum,** Roman, Vorwort Al Imfeld, 160 Seiten, franz. Broschur, Fr. 18.80/DM 19.80

Francis Pisani: **Muchachos,** Tagebuch der sandinistischen Revolution in Nicaragua, der Klassiker!, 384 Seiten, Fr. 24.80/DM 27.80

Rodolfo Walsh: **Operazion Massaker,** Argentinischer Tatsachenbericht nach Aussagen Erschossener, ein Krimi!, 200 Seiten, Fr. 17.80/DM 19.80

Maurice Lemoine: **Bitterer Zucker,** Sklaven heute in der Karibik am Beispiel Dominikanische Republik und Haiti, 304 Seiten, Fr. 24.80/DM 27.80

Mario Payeras: **Wie in der Nacht die Morgenröte,** Bericht einer guatemaltekischen Guerilla, mit Fotos, 168 Seiten, Fr. 16.80/DM 18.80,

John Ya-Otto: **Namibia,** autobiographischer Bericht aus dem südlichen Afrika, 200 Seiten, mit Fotos, Fr. 17.80/DM 19.80

Vilma Hinn: **Mannundfrauspielen,** Bericht von einer die auszog, das Frausein zu lernen, Roman, 312 spannende Seiten, Fr. 22.80/DM 24.80

Diese (Auswahl unserer) Bücher erhalten Sie in gutsortimentierten Buchhandlungen in Schweiz, Bundesrepublik, Berlin und Österreich, oder beim **rotpunktverlag,** Postfach 397, CH-8026 Zürich, Telefon 01/241 84 34.

Auf Wiederlesen!